当代设计卓越论丛
许 平 主编

"有备之险"
——中国中小企业的设计风险研究

叶 芳 著

东南大学出版社
·南京·

图书在版编目(CIP)数据

"有备之险":中国中小企业的设计风险研究／叶芳著.—南京:东南大学出版社,2016.1
(当代设计卓越论丛／许平主编)
ISBN 978-7-5641-6205-4

Ⅰ.①有… Ⅱ.①叶… Ⅲ.①中小企业—创业创新—风险管理—研究—中国 Ⅳ.F279.243

中国版本图书馆 CIP 数据核字(2015)第 304015 号

"有备之险"——中国中小企业的设计风险研究

著　　者:叶　芳
责任编辑:许　进
出 版 人:江建中
出版发行:东南大学出版社
社　　址:南京市四牌楼 2 号　邮编:210096
经　　销:全国各地新华书店
印　　刷:南京玉河印刷厂
版　　次:2016 年 1 月第 1 版
印　　次:2016 年 1 月第 1 次印刷
开　　本:889mm×1194mm　1/32
印　　张:7.375
字　　数:203 千字
书　　号:ISBN 978-7-5641-6205-4
定　　价:40.00 元

本社图书若有印装质量问题,请直接与营销部联系。
电话:025-83791830

序

工业革命以来,尤其是 20 世纪百年以来的世界政治、经济、文化格局,在 21 世纪的短短十数年间悄然变化。全球生态的危局、全球通信的扩张、全球贸易的衰减,这些激荡不已的因素将发展获利的对立以及发展途径的冲突以更为现实的方式摆到世界面前。以国际化、自由化、普遍化、星球化四大趋势为标志的全球化进程,因为其"超越民族—国家界限的社会关系的增长"①而备受争议,同时也更加激起源自文化多样性及文明本性思考的种种质疑。尤其是全球化过程所隐含的"西方化"、"美国化"甚至"麦当劳化"等强势文化因素,不仅将矛盾纷争引向深入,而且使得这个以去地域化的贸易竞争、信息掌控为标志性手段的现代化过程,日益明显地演变为一场由技术而至经济、由政治而至民生的"文明的冲突"。

现代文明的矛盾与现代设计的发展有着深刻的内在关系。人类文明的多元性在历史上从来都是以生产方式的在地性与生活体

---

① [英]罗兰·罗伯逊,扬·阿特·肖尔特. 全球化百科全书[M]. 南京:译林出版社,2011:525.

验的情境性为基本特征而存在的,而现代设计从一开始就以适应抽象化的工业生产体系为主旨,以脱离传统的文化变革、审美重建为目标,因此它与一种"解域化"(Deterritorialization)的生产发展之间有着几乎天然的策略联盟甚至需求共振。这种贯穿于形式表层及评判内核的价值重构,加剧了当代生产与设计中"文化与地理、社会领域之间的自然关系的丧失"①。它意味着,现代设计与全球生产经贸的同步在促使生产中的情境体验消解于无形的同时,催生出一种超越地域约束的标准与语境。而对于传统羁绊的摆脱,则进一步促使现代设计进入全球经营模式,在无限接近商业谋利的同时与20世纪汪洋恣肆的消费文化狂潮结盟。这使得本来担负着文明的预设与生活价值重建责任的现代设计,事实上需要一种与商业谋利及资本合谋划清泾渭的理论清算。毫无疑问,进入21世纪以来的现代设计一方面面临着前所未有的全球扩展,另一方面则面临一系列必须予以及时反思与价值澄清的重大课题。今天,这种反思在全球范围逐渐推开,从设计本体的价值观、方法论、思维与管理模式,一直延伸至与设计相关的社会、经济、文化、审美等一系列跨领域的研究。

中国设计问题的复杂性事实上与这个历史过程结为一体。在中国,现代设计从手工生产时代逐渐剥离并成为一种独立的文化形态,其间经历两次意义重大的发动期。第一次产生于20世纪初,一批沿海新兴城市开始兴起最初的工商业美术设计实践;第二次发动产生于20世纪中期,来自设计高校的教育力量通过这

---

① Néstor García Canclini. 混杂文化// [英] 罗兰·罗伯逊, 扬·阿特·肖尔特. 全球化百科全书 [M]. 南京: 译林出版社, 2011: 306.

次发动奠定了中国现代设计及设计教育的基本格局，并将其延展至制造、出版、出口贸易等领域。其间尽管由于中国社会的沉沦波折而历经坎坷，但总体而言两次发动深刻地影响并规定着中国现代设计发生及发展的历程，今天则或许正迈入第三次历史性发动的进程。应当说，中国设计在这个过程中所呈现的创造性活力与其暴露的结构性缺陷同样明显，并且同样未曾得到应有的总结与澄明。尤其值得注意的是，现代设计的强势输入，隐含着忽略中国自身问题研究的危险。改革开放以来的很长时段内，中国设计界不少的精力投于引介西方的工作中，毫无疑问，这些工作为推进中国设计的成长作出了积极的贡献；但是一旦设计开始与中国社会的实践密切结合，设计问题本身的国际因素以及国情的介入，都将使设计发展的路径更加扑朔迷离，仅以单纯的模仿已经不能适合新的发展需要，而这正是长期以来以西方设计的逻辑与方法简单应对中国实践而成果往往并不理想的原因所在。

因此，在继续深入引介与学习国际经验的同时，一个主动思考中国设计发展方向与战略、价值与方法，主动研究中国设计现实问题与未来走向的时代已经开启。这种开启的现实背景正是：中国已经成为世界第二大经济体，并正在向第一大经济体迈进，中国经济的任何不足都将成为世界的缺陷，中国文化的任何迷误都将加深世界发展的困局。这一逻辑将同样适用于：中国设计的未来足以影响全球化进程的未来。

近年来，一批以这种研究为目标的阶段性成果已经开始从国内学者中突显。本套"卓越论丛"也因上述背景及实践的发展应运而生。本论丛以当代中国最重要及最敏感的设计问题研究为导向，以全球化理论框架为参照，以事关中国现代设计发展的基础理论、方式方法、思维导向、管理战略、教育比较等广泛议题为范畴，以民生福祉为圭臬，集中当代学者智慧，撷取一批研究成果予以结集出版。

论丛名为"卓越"，既抱有在世界设计发展的格局中创造卓越、异军突起的期冀，也包含着在中国治学传统的氛围下管窥锥指、见微知著的寄寓。无论是写与读的面向，论丛都以设计的青年为主体；在选题上，将尽力展现鲜活、敏锐的新思维特色。要指出的是，设计问题领域广泛，关涉细琐，加之长期缺乏基础理论建设，许多现实中的设计问题往往积重难返，一项研究并不足以彻底解决问题。本论丛选题皆不求毕其功于一役，仅期望一项选题就是一个思想实验、学术履新的平台，研究中能够包含扎实、细致与差异化的工作，以逐步地推开研究中国问题的勤学之风、思考之风。期望以此为契机，集合一批年轻的朋友，共同开创这片思想的天地，共同灌溉这株学术的新苗，共同回应我们肩负的可能影响民族未来的历史的寄予。

谨以此序与诸君共勉。

许平　谨识于望京果岭里
2010.4～2014.4

目 录

前言 |1

1 "创新"光环下的中国式风险 |8
   1.1 中国中小企业的设计创新解读 |8
   1.2 设计管理与设计风险 |14
   1.3 关于设计风险 |17

2 现代性的后果——机遇与风险 |21
   2.1 风险社会——"不确定性"因素 |21
   2.2 设计天性——"创造性破坏" |34

3 设计风险与市场动力 |80
   3.1 设计风险的主体分层 |80
   3.2 "设计市场动力学"——设计风险的象限 |102
   3.3 "MAYA 状态"——寻找风险与回报的平衡点 |109

4 "恰当性"控制：创新系统中的设计风险管理 |111
 4.1 设计创新策略的风险分析：从学习到原创 |112
 4.2 中国中小企业设计创新发展的三部曲 |131
 4.3 设计风险的"恰当性"——利益与风险的博弈 |136
 4.4 "恰当性"原则：设计创新系统中的风险平衡机制 |155
 4.5 小结 |158

5 设计风险的分担、规避与化解 |160
 5.1 预见风险 |161
 5.2 设计风险的分担 |163
 5.3 设计风险的规避 |166
 5.4 设计风险的化解 |170

6 有备之险——设计风险应力学 |177
 6.1 设计风险应力机制 |177
 6.2 外部性经济与设计贡献 |183
 6.3 公共政策与法规完善 |188
 6.4 现阶段可行性对策：确立设计产权制度 |193
 6.5 小结 |197

7 结语：创新预警与孵化——设计风险研究的价值所在 |199

    7.1 重思设计风险 |199

    7.2 中国式设计风险 |202

    7.3 设计风险的价值所在 |204

参考文献 |207

后记 |222

前言

"信任与风险,机会与危险,现代性的这些两极相互矛盾的性质渗进了日常生活的所有方面,也影响着地方化和全球化之间的相互嵌入过程。"

——安东尼·吉登斯①

2005年,名不见经传的西班牙服装品牌"ZARA"突然跻身全球100个最具价值品牌榜,甚至将阿玛尼(ARMANI)等时尚服饰界大牌甩在身后。为此,这个号称"快速时尚"(Fast Fashion)的另类品牌在业界的迅速崛起一度成为服装界评头论足的焦点。

与其他著名品牌相比,这个由西班牙裁缝阿曼西奥·奥尔特加·高纳(Amancio Ortega Gaona)创设于1975年的服装品牌可谓"出身寒门",当初它只是地处偏远市镇的一家小服装店,店主从最初的学徒起步,默默无闻,低调的经营自己的服装店。至

---

① [英]安东尼·吉登斯. 现代性的后果[M]. 田禾,译. 南京:译林出版社,2000:130.

今为止,"ZARA"没有任何一位明星级设计师支撑门面,直到它在短短三十来年时间里,创下全球64个国家和地区开设2 899家专卖店,8个服装零售品牌(2006)、全球销售额达67.41亿欧元,销售数达4.29亿件(2005)等近乎奇迹的骄人业绩,业界开始为之哗然。根据全球最大传播集团WPP PLC旗下市场调研机构华通明略(Millward Brown)发布的研究报告,2010年发布的全球最具价值服装品牌排行榜上,"ZARA"以89.86亿美元排名第3位,2013年,"ZARA"成为服装行业中的领头羊。而哈佛商学院更是将"ZARA"品牌定位为欧洲最具研究价值的品牌,奢侈品集团LVMH时尚总监帕特(Daniel Piette)认为"ZARA"是"全球最具创意和最具破坏力的零售店家"。美国宾夕法尼亚大学沃顿商学院也将"ZARA"品牌视为未来制造业的典范,"ZARA"的奇迹无不在诉说着"ZARA"成长的神话。

今天,从巴黎到东京,从都灵到北京,"ZARA"的门面与其显眼的标志处处可见,在都市最繁华的地方总能看到"ZARA"的身影,"ZARA"已与大都市联系在一起。

"ZARA"品牌的异军突起,实际是全球服装品牌正在谋求打破竞争僵局的大变革所呈现的冰山一角。作为将"平民快速时尚"发挥到极致的"ZARA"成为"SPA模式"(自有品牌专业零售商)优势中的典范,将之前被大师垄断只能被权贵阶级享用的高端时尚从神坛带入百姓大众,也加速了大众服饰界的时尚化过程,开创了"平价快速时尚"的模式,与此模式同类的还有瑞典"H&M"等欧洲品牌。"ZARA"在运营模式上强调供应链的整合,发挥了其"快速、准确、低成本"的企业运营精髓,这条整合链的精髓是大部分品牌无法追赶。企业集开发、设计、生产、物流、运营、销售于一体，抓住当下市场追求变化和消费意识变化的深喉。"ZARA"在店铺选址上的"油污模式"，被认为是"ZARA"最值得研究的模式之一。每开辟一个新市场，"ZARA"会选择城市中最繁华的地段作为店铺地址，与时尚大牌做邻居，获得消费者对该品牌的认知和认可，一旦获得品牌认知和影响力，再将触角伸向较小的城镇，通过这种模式，"ZARA"迅速由中心向周边延展，快速获得较大市场。

图1 "ZARA"在各大都市处处可见

图2 ZARA生产车间

"ZARA"模式的出现，是否意味着一种另类经营时代的来临不得而知，但它确实将一些长期以来企业经营中不得不面对的问题提到公开讨论的桌面上：至今为止，对于"ZARA"品牌现象，公开的评说多集中于"关注顾客导向"、"注重个性化的消费需求"、"高效组织管理"、"全程供应控制链"、"成本优势"或"灵活快速生产"等经营策略层面。但事实上，短短几十年内，将许多百年奢侈品牌甩在身后，成就"平民快速时尚"模式的"ZARA"，它真正触动的，是在现代市场经济规则、品牌竞争游戏中极为敏感、也极为核心的价值理念：原创产品的获益权问题。

在业内，人们心照不宣的是"ZARA"经营手段中一些公开的"秘密"：

从相关的数据中可知，"ZARA"一年中大约推出12000种时装，拥有近400名设计师，而这些设计师被刻薄的媒体评论授予的另一种名衔则是"飞行秘探"或是"空中飞人"——与那些一直忙碌于电脑和工作台前的设计师不同的是，每年的季初，"ZARA"的设计师频繁飞行穿梭于各种时装发布场合，观看各大时尚品牌新品发布会，出入各种时尚场所，参加各种时尚活动，然后回到设计室的工作台旁进行当季新产品的设计。只要众多顶级品牌的最新设计刚在新品发布会或时尚名品店货架亮相，通常在七天至十二天后，就能在全球各地的"ZARA"门店里看到与其风格接近的产品。更具挑战性的是，"ZARA"并不因这种公开的抄袭而遭遇尴尬，它准备好了向那些欧洲顶级品牌支付的侵权罚金，即使每年高达几千万欧元也乐此不疲，只要这样可以保证其产品紧随消费潮流，因为"ZARA"每年的销售利润率早已超过补偿给时尚品牌的侵权罚金。这种被"ZARA"自诩为"三位一体"的设计模式也是"ZARA"近几十年在竞争激烈的服饰界脱颖而出的重要原因，即通过"设计师"、"市场专家"、"市场买手"的合作来实现产品的构思、收集、生产、铺货、销售的过程。

"ZARA"品牌创造了自己的市场游戏规则，尽管目前已经获得较大的市场收益，但是"ZARA"一直是低调的，它并不将自己放在市场领袖的位置上，但却总是能从挑战时尚的前卫设计中获得最大的市场收益；它伤害了那些以时尚潮流导航者自居的众多奢侈品牌高傲的自尊，但也为此付给他们合法的回报。表面上看,"ZARA"品牌的作派为业界所非难,但谁也无法否认,"ZARA"的做法正扼住了市场博弈的"命门":最大限度地回避产品创新的风险,同时又适度体现市场原创的价值。显然,"ZARA"没有按市场通行的游戏规则出牌,但却似乎并非完全不合"牌理",因为它能够部分满足跟随于时尚先锋之后分享"新颖"成果的平民消费需求。通过交付一定的罚金,又为设计创新的品牌实现一部分市场价值。

然而,"ZARA"并非唯一的市场创新挑战者,"ZARA"模式更非解决创新瓶颈问题的唯一良方,甚至对其聚焦市场目光以后的发展是否还能有效也难以预测,但"ZARA"模式带来的一系列问题在目前市场中却具有普遍性:

企业何以回避主动的设计创新?

设计原创是否只是品牌创新、经营创新的唯一路径?

一个成熟的市场是否可以容纳实现原创产品获益权的多种可能?

甚至于,当现行的市场规则无法为设计原创的贡献提供充分的回报及填补全部的制度漏洞时,包括补偿性产权交易在内的多种获益方式是否可能成为一种有效的、合法的弥补机制?

这些问题都将指向企业的设计创新与市场收益问题。很显然,"ZARA"模式带来的思考,不仅针对"ZARA"企业自身,也涵盖作为其"侵害"对象的对方企业;不仅指向企业文化,也指向市场环境;不仅包含企业策略层面、制度安排层面的问题,甚至直接触及"设计作为一种高风险行为"的原理认知层面的问题,因此对于这些问题的深入探索也将具有普遍性。

在全球经济竞争加剧、市场空间骤然压缩的时代背景下,以提升产业结构、产品结构、增加竞争效益为主旨的企业创新是世界各国企业共同的追求，设计创新必然成为推动企业创新的重要前提与原动力。然而，正是在这样的形势下，设计的高风险性应当引起足够的重视，对于有效抵御或消减市场设计创新风险的企业对策研究更应当及时提上日程。

然而，无论是今天的学院教材或是布满各大书店的"管理学"、"市场学"经典，都较少讨论这样的命题。在通常的"创新"价值研究中，大部分研究都聚焦于通过创新所带来的高利润和高价值的理所当然的意识中，大部分的研究都集中于以创新意识、创新方法与创新创造价值的理论上，而对那些隐身于原创者光环之下，以获利的"另类"行径通常抱以回避的态度，也忽略了创新光环下隐藏的损失和高风险。但"ZARA"规模的快速扩展却在提示我们：在以追求"回报"与回避"风险"为基轴的企业创新行为中，对于创新风险的判断及合理的承受成本的考量，对企业而言不仅是合法的，而且是必须的。而对这一基本问题的客观性、真实性视而不见，只会为企业回避主动设计创新的态度增加砝码，在客观上消解着设计行为可能创造的市场价值与经营贡献。

针对以上现实，我们是否可以提出这样的疑问：

对于设计风险的认识是否可视为设计创新理论研究中的基本问题？

是否可能将设计风险以及相应的风险管理视为企业创新理论及经营策略研究中的有机组成部分？

我们应当如何客观的解读企业创新中的设计风险？这种设计风险从何而来以及如何形成？企业在成长中又是如何化解这些设

计风险？

设计风险会如何影响企业的设计创新决策、投入及影响的程度等等。

在以上基本认知的前提下,将设计风险的思考纳入到实践层面去分析,将风险意识代入企业设计创新中考量,对于厘清设计风险的价值会带来更加有力和谨慎的判断和思考。带着这些问题的思考,本书将着重对具有自主经营和灵活经营优势的中国中小企业进行分析,主要聚焦在中小企业所面临的竞争处境以及设计创新之路中面临的设计风险问题,尝试去解开一直以来被贴上"抄袭"、"模仿"标签的中国中小企业的设计创新之路的真相。本书无力为中国中小企业的"抄袭"、"模仿"辩解,只是想作为一个旁观者,客观的看待中国中小企业在几十年的成长过程中,企业如何在发展中摸索设计创新中所经历的不同道路。

1 "创新"光环下的中国式风险

"确定现代与过去之分野的革命性理念是对风险的掌握。"①

——伯恩斯坦

1.1 中国中小企业的设计创新解读

2007年的"美泰召回事件"和2008年"合俊事件"成为中国玩具制造业转折点的标志事件。

2007年的8月,美国玩具商美泰公司因含铅超标的问题召回63个种类,近1 900万件的中国产玩具;此外,美泰还召回了96.7万件中国广东制造的塑胶玩具。这些召回事件让中国玩具制造业遭受重挫,这也成为中国制造业中一直未曾抹去的阴影,尽管美泰公司后来承认造成超标的全部责任完全在于其产品设计

---

① [美]彼得·L.伯恩斯坦.与天为敌[M].穆瑞年,吴伟,熊学梅,译.北京:机械工业出版社,2007.

的问题,并向中国企业道歉,但是这并不能抚平中国制造业的"伤口"。

2008年10月,东莞玩具巨头"合俊集团"的倒闭和旗下两家玩具厂的关闭,也拉开了珠江三角洲的倒闭潮。这个曾经包揽美国迪斯尼在内的世界三大玩具品牌生产制造工厂的倒闭,在中国玩具制造业中引起极大的轰动。一夜之间,也引发了大批玩具制造企业的倒闭,玩具产业作为东莞的支柱产业之一,多米诺股牌般的产业链倒闭潮,这种影响波及中国的整个制造业。

"美泰召回事件"、"合俊事件"风波看似突发的事件,从中也折射出中国制造企业不可忽视的走下坡路的事实。在这些事件中,中国中小企业犹如世界经济贸易棋盘中一颗可怜的棋子,任由摆布,丧失了企业的主动权。企业高速运转的流水线,忙碌的工人身影,高效率的生产为何都未能阻止倒闭的悲剧?事实上,在这看似热闹的企业生态背后,隐藏的是中国中小企业设计创新主动权的缺失,这种状况也将中国中小企业的设计被动与设计创新问题推到风口浪尖上。中国制造业所带来的倒闭潮也向我们揭开了一个问题:中国中小企业在面对激烈的市场竞争时,企业如何形成设计创新意识及企业关键决策的抉择,解开这个问题将更清楚看到中国中小企业设计创新的发展途径。

中国设计的发展是整个国际现代设计发展的组成部分,但同时又是一个特殊的组成部分。由19世纪末开始的中国社会激烈转型,夹带着中国社会接受西方现代设计模式进入造物与设计文化转型时期。但这种转型中兼带发展的过程是"快进"式的,掩盖了其中许多缺陷。由此而形成中国当代设计中极为复杂、交错与相互影响的"问题"系统,比如设计"品质"问题。19世纪末发生在英国的"艺术与手工艺运动"以及20世纪初的"德意志制造联盟",其核心指向都是有关"设计品质"的概念。在对于品质极为推崇的追求基础上,才形成了后来的理性主义设计主张及方法。然而在匆匆而过的中国现代设计转型中,始终没有完成标准的设计品质概念,这个问题一直残留在后来令人眼花缭乱的"风格"更替、"策略"革命、"形象"战略中,但是直到中国产品一再跌破安全底线,一再引起国际贸易摩擦,人们才发现,"品质"这个现代设计从一百年前开始追求的基本目标,在中国却仍然为时尚早。这些缺陷也必然反映在企业实践中,它也可能招致种种对设计创新的质疑、抵制、否定甚至投机的态度,所有这些因素最终形成十分不利的企业创新处境。而另一方面,西方现代设计中未曾完善解决的问题,也会在中国引入的过程中成为中国设计自身的问题,比如片面的商业化倾向所招致的利益冲突,在商业自律机制发育得极不充分的中国商业环境之下,完全可能被放大为祸及企业生存与设计生态的社会问题,这也加大了中国企业设计创新的风险系数。

在世界企业发展史中,中国作为起步较早的国家,在上千年的工商历史中逐渐形成中国企业的丰富面貌。目前,我国的企业性质可分为国有企业、民营企业及混合型企业等。根据中国经济及企业的现实结构,民营企业在研发方式与实力上与国有企业有着很大的差别,中小企业的真实处境和研发状态等状况都有着一套自我运作模式。本书将核心集中在以民营经济为主的中小企业的范围内,选择以民营经济为主要成分的中小企业作为考察样本。

民营经济是一个以国有经济为主的系统条件下显示出特色的

经济词汇。在西方工业国家中，民营经济几乎是现代企业的同义词，它是企业经营的主要形式与主体。但在中国经济条件下，民营经济被视为与国有经济、混合型经济具有同等重要性的经济成分，但仅仅是作为一种补充而存在。相对于国有经济和混合经济来说，民营经济具有自主经营和灵活经营的优势，同时也是以中小企业为主体的经济成分。相对于国有经济以雄厚的国家实力为后盾，混合型经济以国际优势资源为后盾，民营经济中的中小企业在风险性上有着更为突出的矛盾与需求，对于解释中国企业设计创新与设计风险问题的现实性与迫切性有着重要的呈现意义。

中国中小企业在改革开放三十年中的发展过程具有重要的研究样本价值。虽然其发展途径经历曲折，跌宕起伏，但对于中国经济从僵化的计划经济体制向灵活的市场经济体制转型所起的作用又是如此清晰。正是这一大批企业"微生物"改变了中国经济体制的性质与场态，无数个在市场拼搏中闯出一条生路的"小人物"把中国经济变成一个具备时代意义的"试验场"，它以恢宏的气势将一个背着沉重历史包袱的传统市场转向脱胎换骨、焕发生机的方向并大步迈进，不可否认，中国新经济版图上由这些"小人物"和"小企业"所推动的无数改革实验占据重要的位置，它们勾勒出中国经济变革最具代表性的缩影。正是在这个意义上，对于研究中国中小企业而言，这些企业也许是地域性的，但其着眼点，却是全球的。

由此，把设计问题代入中国中小企业发展战略中去探讨，民营经济在证明设计风险问题中具有特殊的说明性，也更具典型性。

本书针对中国中小企业样本规模的选择，并不以企业规模、企业知名度或企业产品类别作为标准，而是以该企业能否体现中小企业发展中的真实矛盾与真实需求为准则。事实上，正是许多名不见经传的微型企业代表着民间经济力量在每个时期的本质需求与生命表征，反映着每个时代企业真实的困境与需求。由于中国中小企业数据的庞大及研究时间和精力的限制，尚不能针对中国全部的中小企业展开解读，本书选择个别企业作为研究对象，这些企业主要以广东、东莞、江浙等地区的中小企业为中心样本，通过这些企业在个别节点的典型性表现说明和勾勒中国中小企业如何通过设计创新来寻求发展之路的历史进程。通过企业发展的过程来分析它与周边环境的关系，它与各种影响元素的力量变化，从而确认各种设计元素在实践中的价值，其中包括风险因素的影响方式与作用。中国设计问题的复杂由这些案例表现的复杂性所证明的，中小企业的设计创新实践更是包罗万象的对象实体，通过案例的考察与分析，对说明其中的理论命题起到实证性的作用。

今天，中国企业面对设计创新的基本现实是：作为国民经济主要支柱的原国有大型企业正在艰难转型，自主研发力量青黄不接；新兴的中小企业中紧密连接出口市场，主要依赖来自国外的设计、技术及订单生存的占有相当比例；国内自主品牌设计研发经验与经营基础非常薄弱；一部分具有研发优势的进步企业则面临更具实力的国际压力以及与国内市场对接困难的考验；国内正在成长的自有设计力量具有为企业进行创新服务的热切愿望，但是缺乏具体经验，更缺乏对于设计风险的掌控意识与应对经验……所有这些现实，都使得已与国际市场接为一体、国际竞争国内化的中国企业在设计创新领域面临着更具风险性的现实环境，一切设计创新的尝试都非常必要但又障碍重重。

而与这样的现实需求十分不相称的是，国内外设计管理及风险管理研究成果和文献及报告中，仍然缺乏对这一领域进行系统分析与解读的成果，仅有的研究成果也多以工业发达国家的企业经验或理论介绍为主；国内研究对中小企业设计创新境遇的解读则以西方企业的实践系统和标准作为坐标，缺少对于经济基础及文化背景截然不同的中国企业及其设计创新状况的分析与数理，也缺少对中国情境下相关设计风险的整理与归纳。诚然，发展成熟的西方经济学和管理学理论对于研究中国问题可以提供丰富的原理性阐述与规律性指导，但是对中国情境下，尤其是身处经济底层的中小企业所面临的现实问题，仍需回到最原始的面貌中去考察，才可能发现有意义的命题与方向。十分明显，设计风险领域研究的滞后，使得中国企业与国际力量不对称的竞争更加充满悬念，让中国中小企业的设计创新之路显得更跌宕起伏。

如前述及，改革开放的三十年以来，中国中小企业的发展轨迹为我们提供了丰富的创新实践案例和经验，为从中提炼"设计风险及应对策略"以及梳理研究思路提供了有利的实践基础，这一研究既具区域性意义，同时也具有普遍性价值。在强调中小企业灵活有效的生存方式时，切不可忽视了它对于增强抵御风险能力的迫切要求。当代经济发展的一个重要特征，就是经济活动规模日益庞大，而承担经济行为的经济实体却日益微小化，这意味着在经济贡献率不断提高的同时，微型化生存的中小企业实际承受着更为艰险的风险压力，对于提升抗风险能力的研究日益显出其重要性和迫切性。由此可见，以中国的中小企业生存境况的方方面面而言，这一特征则更为明显。

1.2 设计管理与设计风险

马克思曾经指出:"必须对任何自然力进行社会性的管理,为了经济活动的利益把它加以支配,借助人类艺术对它进行大规模的掌握——就是这些在工业历史上起着决定性的作用。"[①] 在这里,马克思针对人类的创造力与生产管理的活动中所说的艺术并不是单指产品的艺术形式,而是通过艺术的生产方式来促进工业生产的发展,包含着"让艺术成为生产力"的深刻含义[②]。马克思将工业社会中生产力发展的历史,与人类利用自然力对其进行"社会性管理"、及对其以"艺术"的方式进行"大规模掌握"的生产方式史联系起来,恰好给出了一个"设计管理"的广义内涵。

如果说,设计(Design)是一种以艺术的方式大规模地掌握"自然力"并使其转换为工业生产力的创造形式的话,"设计管理(Design Management)"则是对这种方式进行"社会性管理"的过程与方法。广义的设计管理是对设计过程、设计目标与设计的社会价值论证、设定与控制的过程,狭义的设计管理则是对设计项目、设计资源及设计组织活动的组织与实施。人类的早期设计活动,以群体性、无意识、低组织程度与低信息化的手工造物活动为载体,管理方式同样相对原始与初级。在原始社会以家庭为社会单位的时代,母亲或祖母往往就是一个家庭经济体的组织

---

①② 许平. 让艺术成为生产力. //视野与边界 [M]. 南京:江苏美术出版社,2004.

者与管理者；在封建社会的手工艺时代，各种作坊、窑造、工场的组织者、管理者角色则由官员、坊主或师傅承担。进入工业时代，同样存在着由小规模的、单件的、简单信息化的水平向大规模、系统性与高度信息化的水平发展与提升的过程。工业社会早期的设计活动，多见于批量生产的工业产品投入生产之前的规划与设计，内涵相对单纯，功能较为单一，过程较好管理，设计者与经营者的专业角色开始区分，但设计管理的角色仍在襁褓之中；而进入工业社会后期、尤其是被称为后工业社会的信息经济时代的设计活动，则更多地发展了集群化、系统化、非物质化价值设计的内涵。工业化程度越高，设计活动所涉及的社会面越广，信息交流、沟通与组织化程度越深，设计产生的影响力也越大，设计管理的意义随之上升，并在20世纪后半叶发展成为设计领域中的显学。在简单的设计时代，一个设计师可以在较短的时间内凭借个体的力量完成一项产品外型、包装设计或广告设计的委托项目，设计的组织化与管理化程度都较低；而在复杂的设计项目中，不仅设计人力及资源投入发生变化，设计流程发生变化，设计方法与技术也发生变化，设计过程与设计结果中不可预测的因素也随之增多，设计过程及后果中的风险性亦随之加大，设计管理的必要性和价值性立即呈现出来。而对于设计风险的控制与管理正是所有这些管理中最为基本的目标之一。

美籍奥地利经济学家约瑟夫·熊彼特（Joseph A. Schumpeter）第一个明确提出了创新理论，并论证了创新是一种"创造性破坏"的原理，并进一步指出在经济发展中以下五种情况中的任何一种情况的出现都能促动经济格局的变化，包括：（一）引进新产品或一种产品的新特性；（二）采用新技术，即新的生产方法；（三）开辟新市场；（四）征服或控制原材料或半成品的新的供给来源；（五）实现企业的新组织。简而言之，产品创新、技术创新、市场创新、渠道创新与组织创新，其中任何一种创新策略的组合都将带来新的经济变化，与之同时，也必然伴随着"创造性破坏"所带来的风险与不确定因素。在充满变数的经济领域，风险管理由此成为当代经济学研究中的重要命题。

产品创新作为企业发展的核心部分，一直是企业关注的重点。合理的产品创新能为企业带来飞跃和发展，然而，产品创新的失败让企业面临各种风险。企业从技术、生产、管理、营销等各部分进行管理，希望能避免创新失败，设计风险近几年被许多企业所认识，逐渐认识到：产品创新中的设计风险问题的解决是产品创新成功的关键所在。

"设计风险"问题作为确定概念被提出是相当晚近的事，但是从上世纪初现代设计开始，设计风险从欧美国家发轫并成为一种社会性、经济性的活跃力量之始，设计中的"风险"就已被意识到并成为话题。

设计风险研究作为设计管理重要的基础命题，也是拓展与深化设计管理研究领域的内涵。对相关企业设计创新实践与理论的研究，对于梳理设计中的风险认知、风险类型、风险结构、风险来源及风险转化的可能性有极大的价值，并且在此基础上，可进一步探讨对设计风险加以规避或消减的对策。

设计是一种强调行动的创造实践；设计管理是一门强调针对性与限制性的学科；设计风险管理更是一种以"不可确定性管理"为前提的思想创新与方法创新。面对巨大的市场，中小企业对于设计创新的迫切追求、积极行动以及现实中的创新处境，都丰富了"设计风险"在过程中的真实性,对设计风险的认知也导致企业开始对创新理论、企业管理理论及设计管理理论中有关"风险研究"的调查,以已有的理论成果为先导,同时重点思考未曾进入理论视野的企业实践,期待能为企业带来有价值的资源;在此基础之上,形成对"设计风险"这一具有高度"不确定性特征"的研究对象的整体把握,以及符合中国社会及企业特点的对策思考。

目前西方学界对于"设计风险"研究侧重于具体案例层面的程度测控技术及规避技术研究,而中国企业改革开放三十年以来的实践为研究设计风险提供肥沃的基础资料和实践资源,但由于不同的国情及企业发展背景,西方对设计风险的研究技术与方法未必适合中国特色的企业,因此,当下,对于提炼符合中国国情的"设计风险应对理论及方法"有着极为迫切的需求,也将为把握中国企业设计创新发展中的问题以及转型提供更真实和清晰的认识。

1.3 关于设计风险

21世纪初,英国伯明翰大学设计管理学者鲍伯(Bob Jerrard)教授明确将"设计风险(Design Risk)"概念作为一个研究范畴,他是可以查到最早正式开展设计风险研究的当代学者。2004年以来,鲍伯教授主持了一项有关"设计风险"研究的课题,这个课题来自于英国艺术与人文科学研究理事会(Arts and Humanities Peer Review College,简称AHRC)的资助。该课题通过对五个创新型中小企业新产品开发案例的跟踪调查,采用半结构式的访谈和企业实地调研,研究新产品开发过程中风险认知、风险分析以及规避风险的方法,并对企业提出相应的策略建议。通过样本调研,这个课题将针对企业在新产品开发中的情境分析探讨风险规避及相应的扶持政策,为英国政府制定设计政策提供依据。鲍伯教授在他的《设计管理——拓展领域和应用》一书中专门讨论了企业设计创新中的设计风险以及应对设计风险时相应的政策问题。该书除了呈现四年来对五个中小企业的设计创新活动进行跟踪研究的结果,还揭示了设计中的风险层次、如何处理与设计相关联的风险问题,以及在新产品开发中如何进行风险感知和规避等问题,鲍伯教授认为设计风险的研究将为设计是否具有商业价值提供重要佐证。

2008年,罗伯特·杰顿(Robert N. Jerrard)、尼克·巴纳(Nick Barnes)和阿德勒(Adele Reid)在《国际设计期刊》(*International journal of Design*)一文中针对创意型公司产品创新中的设计风险问题开展研究,从中考察创意型企业在设计创新周期中如何对设计风险进行评估,并对设计过程中的对应决策进行考察和研究。

在设计实践前沿领域,仍然陆续有设计师从自己的工作经验中提炼出"设计风险"的警示。加拿大设计师史蒂文·盖(Stephen Gay)[①]提出了设计实践中的设计风险问题。作为跨越产品、信息交互、界面设计等领域的综合型设计师,他提出认知设计风险的重要性,甚至为如何规避设计风险列出相应的步骤和策略。

[①] Stephen Gay,拥有多年的设计经验,为许多公司提供设计工作,包括 Motorola, Prudential, Sapient and HannaHodge,主要设计领域包括:信息与互动设计、网络和工业设计等。

作为活跃在设计行列的设计师，能及时灵敏地反应前沿信息，并深刻体会到设计风险问题的危险性，这种经过实践检验的风险意识及其应对方案，成为认识设计风险的重要一手资料。

设计风险意识已然成为众多设计从业者有意或无意认识的问题，但是若要整理设计风险系统的研究方法和理论，目前仍存在很大的空白。在国际设计学术范畴中，"设计风险"问题的提出并没有很长的历史。目前国内外也尚无系统的设计风险研究方法及理论，在国内，目前能检索到明确提出"设计风险"研究的命题资料少之又少，设计学术界有关"设计风险"的研究仍处于有待填补状态。学界对于设计风险尚未形成统一的认识和定义，这是由于设计风险问题尚未被广泛认知所造成。在其他学科命题（如创新管理）中，有出现相近的概念，如创新策略、企业管理、风险管理以及不确定性管理等，将设计与"风险"相连接的研究尚未形成系统，将设计风险的研究在设计管理学科的框架下展开更是空白。设计作为企业运营中重要的组成部分，对企业设计行为下的风险进行剖析，也是解读企业设计创新的新视角，通过设计风险的发展走势更能抓住企业设计创新的途径。

所谓设计风险[①]，是指设计主体由于该项设计活动而承受侵害性后果的可能性。设计风险的范围包括影响力及市场权益；设计风险通常涉及设计者及设计委托者，有时甚至波及消费者。

"风险"作为现代社会的一种常态，风险存在已成为一种必然，但这种"必然性"的内涵却是一种可能导致某种侵害性后

[①] 由于国内外对设计风险认知的薄弱，目前尚未找到对设计风险概念，此为本书对"设计风险"概念的试定义。

果的"可能",如果通过有意识的对应措施,也可能导致侵害性后果的不发生(即"规避"),或使伤害程度减轻(即"化解")。正如英国著名社会学家安东尼·吉登斯(Anthony Giddens)所言:"信任与风险,机会与危险,现代性的这些两极相互矛盾的性质渗进了日常生活的所有方面,也影响着地方化和全球化之间的相互嵌入过程。"风险对于现代社会犹如气流之于飞机、风浪之于航船,现代社会的生活方式决定了风险存在的必然性,而对于风险的驾驭则是现代社会能量的集中体现。设计风险同样是现代设计作用于现代社会的前提与条件。设计作为一种"创造性破坏"的进步方式,其必然对现有的社会秩序形成挑战;而只有将这种"破坏性"力量控制在一个可控的、正向的作用范围之内,设计才能显示出积极的、有意义的价值。而这种掌控能力的形成,则是设计及设计管理成熟的标志。

2 现代性的后果——机遇与风险

"设计是一种高风险、高不确定条件下的决策过程。"

——阿西莫夫：Introduce to Design

2.1 风险社会——"不确定性"因素

2.1.1 无处不在的风险

远古时期，以打鱼为生的渔民每次出海之前都要进行祈祷活动，以祈求神灵保佑他们在出海之后风平浪静，并且保佑他们满载而归，因为任何海上的风浪对于他们而言意味着生命的危险和收获的风险，"风"即"险"，这也成了"风险"一词由来的最早传说，也是对"风险"一词可追溯的最早的历史。

另一种据经多方论证的说法认为"风险"一词来自于意大利语"RISQUE"一词，它在 17 世纪才得以变成英语，指的是自然风险或者航海触礁等事件，在这个层面风险作为自然界中不可预测的状态总伴随着人类的活动，如狩猎、航行等等，在这里风险意味着勇敢和冒险。

在人类历史中，对于风险的认识是个极其漫长的过程。尽管在远古时期，人们对于风险已经形成一种天然的感知，但是对于"风险"的明确定义却是较晚的事，我国较早的辞汇工具书中一般不记入"风险"词条；2000年，商务印书馆增订版《新华词典》中收入"风险"一词，解释为"喻指可能发生的危险和灾祸"。从这个词条中可见"风险"在我国明确形成一个专业的词语是相当晚近的事情，但人类认知风险却已拥有悠久的历史。

进入现代社会，风险已经超越狭义的"危险"。现代意义上的"风险"一词，已经超越了自然界的不可预测性所带来的灾难和事故，风险的对象不再局限在大自然中不可测力的危险，风险的范围从大自然中脱离出来，风险从危险中分离出来，这是现代社会意识转换的表现。这意味着人们已经意识到人类的风险实质上多数是由人类自身的活动所造成，而不仅仅是由大自然所导致。现代社会中风险的观念取代了过去人们对于命运的想法，"风险"也出现在与人类生活息息相关的方方面面，包含经济、社会、政治以及技术等，无处不在，无孔不入，风险与人类的决策与行为后果更是紧密联系在一起。

"每一种技术都产生、激发、规划了某种特定的意外事故……船只的发明导致了沉船事故的发生，蒸汽机与机车的发明带来了火车出轨事故的可能，高速公路的发明则使得三百辆汽车有可能在几分钟内撞在一起，飞机的发明导致空难。我相信从此以后，如果我们还想继续有技术进步的话（我不太相信我们可以回到石器时代），就必须同时考虑财富和事故"。日新月异的技术进步带来的不仅仅是生活的进步,也埋藏着更大的风险地雷。法国学者保罗·维里奥(Paul Virilio)在以上话中提到现代社会的风险大部分来自新技术的创新,新技术的创新尽管带来工作效率的提高以及生活的便利和进步,但是同时也增加了某些风险。在现代社会中即使通过各种手段和方式将风险降至最低,风险并不能消失,将伴随着技术一直存在。安东尼·吉登斯在《现代性的后果》中还说到"任何主要的技术创新都可能彻底扰乱全球大发展的方向",这句话也正指明了技术进步中风险所带来的巨大影响。

目前,风险管理已经成为企业管理中的重要组成部分,现代经济学中的风险理论通常从纯粹风险和投资风险两个方面来对其归类。纯粹风险指的是只有损失的结果,而无法带来收益的风险。唯一的结果就是损失或无获利,比如火灾、水灾、地震等不可抗力的自然风险。另一种风险则是有关投机的风险,包括有损失的结果,也有获利的风险,这个结果包括损失、盈利、持平等在企业运营中存在的风险,这两种风险共同存在于现代经济活动中,并成为决定企业发展的重要影响因素。

企业在成长发展中,必然要面对大大小小的风险,然而对于企业而言,各种风险中尤以财务风险对企业经营所带来的影响为重,财务风险是构成各种金融风险核心部分的重要内容。金融风险是企业在资金运营过程中,由于存在许多未知和不确定的因素,使经济主体的实际收益与预期的收益存在差距,这种差距让企业面临两种可能性:损失或额外的收益,这就是企业的金融风险。金融风险存在于资金、生产、投资中,可演变出各种风险的面貌。从不同的角度对金融风险有不同的解释,归纳丰富多样的金融风险定义可找到核心的内容所在，即由于经济主体在金融领域遭遇到不确定性和不可能性所导致。这种未知和不确定的因素的存在正是导致该领域风险的来源。金融风险是企业中涉及财务的风险内容之一。除此之外，企业中还存在不同领域和内容的风险，如管理风险、市场风险、资源风险等，风险已成为企业发展的重要组成元素，涉及企业的方方面面，并形成不同领域的风险形式。

目前，学术界对风险的定义尚未达成一致的意见，对风险也存在不同的可能说，美国学者海尼斯（Haynes）在1895年提出了风险概念[1]，他认为风险即意味着遭受损害的可能性。如果某种行为具有不确定性时，其行为就反映了风险的负担和可能；1995年，美国学者莫贝瑞（A. H. Mowbray）提出"风险是一种不确定"[2]的说法，明确了风险中不确定性的特性；美国学者罗伯特·梅尔（R. I. Mehr）提出了"风险即损失的不确定性"的说法；[3] 1985年，威廉姆斯（C. A. Williams）和赫恩斯（R. M. Heins）定义风险是"在给定情况下和特定时间内，那些可能发生的结果间的差异"[4]。由于学科视野和立场的不同，学者们对于风险的定义往往站在各自的学科领域内各执一词，但通过多样的风险定义，仍能找到理解"风险"的相关线索，那就是风险中包含着明显的"不确定性"因素，这种"不确定性"因素正是招致对人们不利的影响或后果的"罪魁祸首"，或损失，或获

---

[1] 马民书. 风险论 [M]. 兰州：兰州大学出版社，2000：3.

[2] A. H. Mowbray: risk is uncertainty.

[3] R. I. Mehr. Fundamentals of Insurance, 1986：37.

[4] C. A. Williams, R. M. Heins. Risk Management and Insurance, 1964：1.

益,或持平,除非出现本质性的转向,否则这种"不确定性"将一直贯穿风险始终。

"不确定性"的存在建构了风险的形成,影响了事情的结果,只有对这种"不确定性"加以探测和管理,才有可能真正控制风险带来的损害,以及将风险可能带来的损失引向收益结果。对于现代企业而言,要想明确掌握企业的"不确定性",首先要对企业可能存在的"不确定性"因素导致的风险进行识别和管理,包括风险识别、风险分类、风险评估、风险规避等各项流程,风险管理牵涉的不仅仅是金融学,也涉及组织行为学、社会心理学等学科,所以风险管理并不存在于单一的学科领域中,而往往涉及多领域的交叉学科研究。

2.1.2 现代社会的"风险景象"

"请仔细瞧一眼你左边的人,再看一下右边的人,你们之中会有人明年就不在了!"1970年的诺贝尔经济学奖获得者保罗·萨缪尔森(Paul A. Samuelson)意味深长地道出了现代社会的风险本质。

当人类进入新世纪,经济、技术、知识都出现飞速的发展,生活水平上升,社会呈现欣欣向荣的面貌。然而,美国"9·11"事件的突现打破了人们对新世纪的乐观期望,甚至改变了无数人对幸福生活的美好想象,这一事件不仅粉碎了一些国家和平繁荣的神话,更敲响了仅有物质丰裕而没有人文和谐的社会景象的警钟。当然,社会风险的本质与"9·11"无关,它是始终与人类的历史进程共存的。可以说,当人类走出山林,放弃自然生活,走向山林之外的环境的那一刻起,人类就以一种挑战自我、挑战社会的姿态开始了冒险的历程。而现代文明不过是将以挑战极限来换回更多丰裕物质的"风险博弈"机制放至最大。

今天人们已经不再盲目地相信自己是当之无愧的主人,人们日益感受到当代社会存在着无法预测的种种"风险景象"。这个"风险景象"成为人类发展进程中时时刻刻需要留意的预警性地雷,这些风险包括微观层面的技术、环境风险,也包括后工业社会中文明社会的风险。风险已经成为这个时代的特征渗透在我们的生活中,无人能置身事外。安东尼·吉登斯的"现在我们正在经历全球性风险的巨大后果,是现代性脱离控制、难以驾驭的关键",正道出了现代社会的风险本性。人们以为安全、舒适、幸福的生活却充满着重重风险,生活变得无法控制,社会变化莫测,"风险景象"已然成为社会的常态,这将促使整个世界抛开高技术和快发展的目标,重新开始思考最原始的问题:人类应当如何为自己换回基本的生存权利?

贝克:险象环生的风险社会

"现代性正从古典社会的轮廓中脱颖而出,正在形成一种崭新的形式——(工业的)风险社会"①,德国著名社会学家乌尔里希·贝克(Ulrich Beck)在《风险社会》的序言中如此介绍风险社会的出场,而我们正处在从传统(工业)现代性向反思现代性的转型过程中。最初,贝克将"风险"定义为社会、经济、政治和文化因素中的"不确定性"特征,这些因素也承担着现存社会结构、体制和社会关系向更复杂的组织转型的任务。他认

---

① [德] 乌尔里希·贝克. 风险社会 [M]. 何博闻,译. 南京:译林出版社,2008:2.

为风险社会已经颠倒了社会生产的关系，贝克认为在古典工业社会，财富生产的逻辑统治着风险生产的逻辑，而在风险社会中，这种关系就颠倒了。当风险扩展成为全球化浪潮之后，它就从"潜在的副作用"被合法化为在社会中占据核心的位置。

乌尔里希·贝克于1986年和1999年先后出版了两本关于风险的著作《风险社会》和《世界风险社会》，书中呈现了风险社会的多样性，认为风险社会是多层面的社会风险，有关于全球的生态风险，也有技术和工业社会带来的风险，书中详细阐释工厂、风险、技术与经济的关系。他提出"自然的终结"的观点彻底瓦解了传统社会的存在，从此社会进入了后工业社会，即具有"不确定性"的风险社会，人类社会的风险开始如影随行。最终他所探讨的是工业社会的"反思性现代化"的问题，他洞察到西方社会中的社会体制制造了风险，并且试图通过该体制来掩盖风险真相。乌尔里希·贝克最终试图阐释现代性的理性精神所造成的困境，只有用理性的精神才可能治疗这个困境。

吉登斯：信任与风险

"信任与风险，机会与危险，现代性的这些两极相互矛盾的性质渗进了日常生活的所有方面，也影响着地方化和全球化之间的相互嵌入过程。"安东尼·吉登斯在他的名著《现代性的后果》中明确的提出日常生活中的风险因素，勾勒出一派现代性的风险景象，并用大量的篇幅探讨各种风险问题，这些风险包括核战争对人类的威胁，影响人类生活机会的制度化风险，以及对专业知识局限性的意识等等。在安东尼·吉登斯看来，现代社会与传统社会的最大区别，就在于现代社会以技术系统与专家系统支撑着人们可以广泛的超越空间和时间的限制而参与社会生活的可能性。这种可能性被安东尼·吉登斯称为一种"脱域机制";在现代社会把人们引向这种技术日益复杂、风险日益加大的脱域机制的同时,也把现代市场引向一个日益依赖技术系统的方向。事实上,人们对于社会生活的认识机制并未得到根本的改善,因而,现代社会无可避免地加大了发生全球性风险的可能性。安东尼·吉登斯提出在"各种现代制度的范围中,风险不仅作为脱域机制的不良运作所导致的损害而存在,而且也作为'封闭的'、制度化的行为而存在"①。之后,从风险的本体性角度指出,我们正在经历全球性风险的巨大后果,是现代性脱离控制、难以驾驭的关键。

经济全球化扩大了风险的影响与后果,随着全球化的加速,世界不再是人们认知中的浩瀚无边,犹太裔美国作家汤马斯·佛里曼(Thomas Loren Friedman)提出了"世界是平的"的观点,阐释包含科技进步在内的力量是如何将世界抹平,全球各地之间变得越来越相互依赖,不论是政治、经济还是文化上。安东尼·吉登斯认为这种全球化的形势发展中,"他人"又一次不存在了。全球化带来技术进步的同时也让人类卷入了风险和危险的漩涡中,同时也使全球安全的可能性延伸到了力所能及之外的远方,全球化之间依存的程度加深也导致风险后果更大。2008年末的全球性金融海啸证实了安东尼·吉登斯风险分析的科学性。事实证明,风险发生的破坏性后果及人们的应付方式远比他的预

---

① [英] 安东尼·吉登斯. 现代性的后果 [M]. 田禾,译. 南京:译林出版社,2000:112.

料复杂的多[①]。

乌尔里希·贝克和安东尼·吉登斯的风险说建立在现代性的基础之上,他们都将风险界定在一个由制度性的结构建构的社会中,两者都是站在整个人类社会发展的风险景象上从制度角度进行反思。尽管两者论述角度不同,但是风险概念在现代社会论述中的核心价值是毋庸置疑的,两者都引出了风险社会的时代背景,并站在人类社会发展的视角上,将焦点从整个人类聚焦到微观的人类现代生产活动和生活中,从而更清晰地展现风险问题的全貌及实质。

拉什:风险文化

与乌尔里希·贝克和安东尼·吉登斯的现代性背景下的风险不同的是,英国社会学家斯科特·拉什(Scott Lash)则从风险文化的角度来解读风险社会。他以乌尔里希·贝克和安东尼·吉登斯的本体性不安全为背景而提出另一个"风险"概念。他认为社会结构的变迁或者经济的变化,为风险文化的上升提供了基础。他认为风险可理解为危险,但是对当下社会而言,风险预设着不断强化的个性化,由此,风险是要由个人承担的。

拉什的一个观点对认识设计中的风险实质有着重要的启示,他认为:如果个人要在工作中进行创新,那就必须要有承担风险的准备,新产品的出现总是一个冒险的问题,而精明的风险承担者总是能认知到行为中的风险,能感知风险的后果所在。

与乌尔里希·贝克、安东尼·吉登斯等从制度角度来分析风

[①] 吉登斯指出的四种适应性反应:第一种是实用主义的接受现实;第二种是用持久的乐观主义来概括;第三种是犬儒式的悲观主义;第四种是激进的卷入。

险不同的是，拉什从风险文化的角度阐释了风险的状态，他认为风险文化的传播并非依靠程序性的规则和规范，而是依靠实质意义的价值。风险文化渗透当代所有不确定性的领域，而这些领域从传统规范而言是确定的，风险的不确定性就是在传统社会向现代化社会转型中形成的。如前所举的城市建筑例子一样，建筑为人类遮风蔽雨，本来并没有太多的不确定性，但是建筑形式的创新改变了这种传统的确定性因素，导致有可能会影响人类居住安全的不确定性，建设者应当对这种不确定性带来的风险文化有所预见、有所解释和有所应对，否则这种风险将会如影随形，也有可能转变成危险。

人类不应当面对社会风险束手无策。乌尔里希·贝克的观点更强调人类社会在风险面前有所作为。乌尔里希·贝克强调："风险不再是机会的阴暗面，它们也是市场机会。与风险社会发展相伴随的是那些因风险受折磨的人和那些得益于风险的人之间的敌对。"这个观点也在提醒我们，比社会的风险更应当警惕的，是风险中出现的不同人群的相互关系而导致的人群对立，可能引发社会的矛盾。风险不再是灾难，也意味着机遇和市场机会，但更重要的是如何应对可能从风险中获利的不同人群之间的冲突，只有对风险进行合理的控制，才有可能将风险转化为机遇。

2.1.3　转化——现代社会的风险管理

1929 年，美国华尔街股市的崩溃和经济的萧条，工厂倒闭，工人失业，社会经济很不稳定，促使美国朝野开始重视风险管理的研究。《全国工业复兴法》的出台，正是通过法制的方式来控制未来的风险隐患；到了三十年代，美国经济进一步恶化，大部分银行和企业破产，社会经济陷于倒退状态。许多企业为了继续生存下去，在公司内部成立保险部门，用来解决公司的保险业务。对银行和企业进行风险评估，这个时期的风险管理还停留在保险领域的风险管理。

这是有关美国风险管理最早的记录，若再追溯风险管理思想的形成，那么就要回到19世纪初的法国，管理学家亨利·法约尔（Henri Fayol）在其著作《工业管理与一般管理》[①]中将风险管理思想引进企业，而他有关风险的思想也来自于他早期的工作职位。亨利·法约尔最早是作为企业中等级较低的管理人员，主要关注采矿工程事情，特别要关注企业火灾等危险的事故，这使他在工作中时刻具备防范风险的意识。后来升迁到经理的职位之后，出于职业本能，他仍保持着一种隐患意识，将重心放在关注技术和管理风险上；之后，在不同的领域，亨利·法约尔都时刻注意到工作背后的危险因素，这种忧患意识也是科芒特里公司每次在危机关头能够走出泥沼的关键因素。

20世纪三十年代之后，美国学界开始采用科学的方法研究风险管理，直至五十年代前后，风险管理才逐渐成为一门独立学科。

1953年，美国通用汽车公司的汽车变速箱厂发生火灾，损失惨重，这起火灾成为美国历史上损失最为严重的火灾事故之一。正是这场火灾成为风险管理兴起的推进器，火灾事故、企业财产损失将风险的意识埋在人们的意识里，关注企业中的风险问

---

① ［法］亨利·法约尔. 工业管理与一般管理［M］. 迟力耕，张璇，译. 北京：机械工业出版社，2007：3-4.

题，并将其作为企业发展的重要分类对待。

在上个世纪的八十年代，美国的商学院开展风险管理的课程，课程核心主要针对有关企业员工、财务、责任等内容进行新型管理策略的研究。法国是世界上首先将风险管理引入企业经营体系的国家，但是法国并未形成系统的风险管理体系。20世纪七十年代以后，随着企业风险的复杂化，风险成本也不断提高，法国从美国引进风险管理理论，并且在国内迅速传播开来。法国的风险管理最先是从保险开始的。之后，法国、德国[①]、日本都相继开展风险管理研究，其他国家都纷纷引入风险管理，建立风险管理协会。

1986年，欧洲十一国成立了"欧洲风险研究会"，将风险管理问题扩展到全球范围。"据美国《幸福》杂志的最新统计，世界上1 300个大型企业中，90%设有专门的风险管理部门或风险管理顾问，这些企业通过风险管理来确保投资的效益和财产的安全，使企业以最小的代价换取最大的利润"。[②] 据一家美国企业2001年的统计，一个典型的大型跨国公司可能存在多达11 000种的风险，其中能用现有技术控制的只有2 600种左右，说明其余75%的风险都将由企业或企业主承担。随着技术的不断发展，风险管理的领域也在逐渐扩展，风险被控制的程度不断加深，但

---

① 德国的风险管理研究是从风险管理政策角度进行的。第一次世界大战期间，经济极度混乱，战后又出现了恶性通货膨胀，在这种情况下，为了保护企业免遭损害，德国开始研究企业风险管理，并制定若干经营政策。德国的企业风险管理是从经营学的角度，把风险政策作为保护企业的方法提出来的，但它侧重于理论性研究，缺乏管理方面的内容。风险政策的核心是保险政策，他们强调处理风险的手段是风险控制、风险分散、风险补偿、风险转移、风险预防、风险回避和风险抵消等。

② 许谨良，周江雄. 风险管理 [M]. 北京：中国金融出版社，2006：8.

是企业仍需要发展新的风险管理方法和技术来控制不断产生的新风险。

从时间和内容上而言，风险管理经历了这三个阶段：第一阶段是20世纪七十年代前的技术风险时期，人们主要研究相关技术和工程的风险问题；第二阶段是从1970年人类设立第一个地球日并设立环境保护总署到千禧年年初，人们主要研究风险的复杂性、多样性等特征，并关注人口、资源、环境之间的矛盾引发的风险问题；第三个阶段是从美国"9·11"恐怖袭击事件以来，风险管理进入了政府风险管理能力提升的阶段[1]。这三个阶段的发展是风险管理成熟的过程。

到目前为止，风险管理已成为企业中具有独立职能的管理领域。不论是围绕企业的经营目标、管理战略、生产方式，还是在学科发展中的成熟，当下风险管理已经成为企业战略管理的核心部分。

无论是在宏观经济领域，还是在企业活动的微观经济领域，风险问题已经成为现代社会的重要语境，人类社会从对风险规律一无所知、仓猝应对到主动关注、积极应对，是思维方式与行为方法的巨大进步。人类设计创新从最古老的造物文明算起已有上千逾万年的历史，但是对包含在设计创新里的风险要素，同样是经历一个认识和行为方法进步的过程。只有如此，才真正把握了设计本质规律，才可能真正使设计成为造福于人类的合法行为。

---

[1] 吴定富. 中国风险管理报告 [M]. 北京：中国财经出版社，2007：10-11.

2.2 设计天性——"创造性破坏"

2.2.1 设计风险本质

1912年,熊彼特在他早期的成名作《经济发展理论》中提出了"创造性破坏"理论,这一大胆的论断一经提出,便惊动世界。此外,他还指出了企业家的创新角色,将他们视为创新的主体,而他们的作用在于创造性的破坏市场的均衡来追求市场效益。在这个过程中,这些企业家具有创新性,但是也具备了破坏性。事实上,20世纪全球化经济发展呈现的破坏性和创造性兼具的后果正印证了这一前瞻性理论。当代人类经济活动中,不断地破坏旧的结构,同时不断地创造新的结构,一直处于"不确定"的动态平衡,成为一种经济生命体"健康"体态的表征,而以创造性为核心的设计活动更具有"创造性破坏"的表征。

设计是一种设想、规划和确定可能出现某种改变现状的行为。设计通过创造与现状不同的新形式、新结果来体现价值。因此,设计行为具有创造性,设计中充满不确定性。当设计还停留于小规模改善现状的行为方式时,这种"不确定性"的特征没有明显的表征;但是,当设计发展成为一种规模化的社会性行为时,其行为中的"不确定性"则会扩大为一种实质性的风险。对设计师而言,它可能意味着创新,也可能是失败;对企业而言,它可能意味着经济收益,也可能是经济损失;对社会而言,它可能意味着社会的进步,也可能是一种不可测的社会破坏。因此，设计风险成为当代社会经济中的一个显著话题。"设计风险"是设计主体由于该项设计活动而承受侵害性后果的可能性，这种风险可能性的范围包括影响力及市场权益；设计风险通常涉及设计者及设计委托者，有时甚至波及消费者。

对于创造性活动的双重性本质的思辨实际上一直未曾停止过，设计行为也是如此。追求"冒险"、"试错"的天性让设计充满着未知与不确定性，这种天性决定了设计行为中"创造性"价值与"风险性"可能同时并存。

在创造中破坏，也在创造中构建，是设计追求冒险的天性，同样是其"创造性破坏"的价值所在。

无论在手工业时代，还是机器化生产时代，都没有改变设计追求创造"自由"的本质。不断地寻求变化，不断地寻求新的可能性，虽然对其后果努力加控制，但创造性行为中的"不确定性"仍然是这个过程中的一种常态。"设计是从无到有的创造，创造新的、有用的事物"，[1] 设计是"从客观现实向未来可能富有想象力的跨越"，[2] 这些设计师的经验之谈从不同的角度关注到设计中的探险属性。

这种探险的方式首先表现在思维更新的过程。在《考工记注释》的绪言中，张道一提出："设计与制作，始终是造物的两个方面，或者说是造物的前过程和后过程。"设计在制作之前，设计首先表现为一种思维的突破，设计与人类的创造想象及构思能

---

[1] Reswick, J, B., Prospectus for Engineering Design Center, Case institute of Technology, 1965.

[2] Page, J, K., Contribution to 'Building for people', Ministry of Public Building and Works, London, 1965.

力联系在一起，英文"Design"作为设想与构思的语意实际与汉语中"设计"一词的"营造、设想"不谋而合。国际工业设计协会（International Council of Societies of Industrial Design）的前主席亚瑟·普洛斯认为："工业设计是满足人类物质需求和心理欲望的富于想象力的开发活动。设计不是个人的表现，设计师的任务不是保持现状，而是设法改变它。"这些强调"不保持现状"、"设法改变"的词语都在表明设计行为在现有秩序的变更中实现创造性的基本方式。

与一般强调感性创造力的"艺术"形式不一样，"设计"通常会强调其"理性"创造的特征。但这只是一种假设性的推断。事实上，在真实的创造过程中，设计时而呈现感性的一面，时而呈现理性的一面。或者说，在设计的前期阶段，理性工作成分居多，但真正进入创造性思维阶段，其感性的创作特征又会显现出来，没有以感性经验为驱动的创造过程，设计就会成为一种纯粹的数理模型演算，而失去其"不可测定"的人性化一面。这正是所谓创造性思维的"黑匣子"让设计具有神秘的、不可思议的魅力。

不可否认，在产品外观设计、平面设计或是交互媒体设计中，设计带来了突破与创新，设计为生活带去便利与新奇，为社会提供了丰富的经济、文化和生活所需；不论是外观形态的设计，还是作为解决方案的设计，设计重建新的秩序，设计推动着社会的进步。然而这些令人乐观的后果不应导致忽略另一方面，即背后隐藏的破坏性这一现实。

设计包含着破坏性后果，这也是毫无疑问的。设计让人们放弃已有的功能去掌握新的功能，设计让人们放弃已有的习惯去适应新的习惯，设计还会让人们离开熟悉的路径进入一个陌生的家园，但是所有这些改变最终是导向正确的方向或是一种歧途，很少人能为此负责。设计师为了达到预想的诉求而提出多个方案，但他自己也不清楚哪一个更为有利，也有可能把决策导向信息的盲区。听起来这似乎有些夸张，但事实上发生在真实的设计决策过程中时，这正是无数个设计方案得以出台时的正常状态。上世纪七十年代，美国设计师维克多·帕帕奈克（Victor Papanek）曾经严厉批评工业设计将一堆人们不需要的功能凑在一起，广告设计师把产品说得天花乱坠推销给消费者。当时引起众多反对的声音，然而今天看来却是切中时弊。上世纪八十年代，北京城市改造把所有的市区河道都糊上水泥，河道设计师没有直接的责任关系，但这种设计确实破坏了地面水与地下水的生态关系，这些看似改造人类生活的设计举措，实质破坏了人们的生活本质。

有人认为设计中的风险只在于设计方案的理性与否或完美与否，于是提出"设计科学"理论期望降低由于这种设计中的非科学性所带来的风险。诺贝尔经济学奖获得者赫伯特·A. 西蒙（Herbert Alexander Simon）提出设计是作为与"自然"相对应的人工科学，设计应当是一种"有限理性"的选择方案，他期望在一组给定的备选行动方案中选择最能适应环境需要的最优方案以实现最大的设计价值，并期望以这种有限理性的选择使得设计学科走入科学领域。但这似乎只是一种简单化的理性构想。

事实上，进入工业时代以后，社会生产由小规模、单件的水平向大规模、系统性的水平发展，设计活动也由相对单纯、功能单一的工业产品投入生产前的规划与设计转向集群化、信息化、非物质化的价值设计中，设计活动所涉及的社会面越来越广，需要沟通与组织化的程度也越来越加深,信息交流需要不断加强,设计可能产生的影响就越来越大。但是,在这种功能结构下,设计过程所包含的层次越多,则越让设计有可能出现由于"复杂"而导致的"盲从"①。当超高层建筑刚刚出现时,人们为建筑设计与技术的奇迹般突破而欢欣鼓舞,全球各城市争先建设超高层建筑的"水泥森林";然而当今天人们发现超高层建筑引发导致城市生态的失衡时,一切已经变得无法挽回。对于设计而言,正确的实验与试错过程能带来创造性的结果,错误的过程则将带来巨大的破坏。

正是出于对设计可能导致的不确定后果的忧虑,20世纪六十年代以后,"设计管理"概念被提出,目的在于提高设计活动效率,最大限度地实现设计目标。美国设计管理协会提出的十八种定义表示,设计管理可以通过从目标管理到过程管理的各个层面和角度来达到设计效益的最大化,其中也包括对设计过程以及后果风险的管理。"设计管理"概念的发展表明,从简单设计时代跨越到复杂设计时代,对设计风险的控制与管理正在成为一种共识,通过对设计过程的理性化管理将有可能降低设计行为的风险,保证设计活动的合法性与有效性,带来设计的创造性价值。

不可否认,进入20世纪,现代设计让人类生活得到很大的改变和满足,设计成为人类面对困难时往往会选择的一种解决手段。美国苹果公司的产品设计创造了神话般的销售奇迹,设计让苹果公司从上世纪七十年代末濒临破产的企业成为世界科技企业

---

① Robert Jerrard, David Hands. Design management — Exploring fieldwork and applications [M]. London, New York: Routledge, 2008: 1.

的翘楚。通过设计，我们生活中的许多问题迎刃而解，设计成为许多人解决商业、生活、文化问题的重要手段。然而，在我们注意到设计手段有利一面的同时，也不能忽视隐藏在其身后的风险。

有关分析试图表明，我们界定的设计是一种集创造性与破坏性于一体的行为，这种行为总的特征是：通过不断破坏旧的秩序来创造新的秩序，不断地打破已有均衡来实现新的功能，创造力就是在这一过程中实现的，而风险伴随着创造性的产生，在某些时刻跳出来破坏对设计结果美好的期望。这一认识并非否定设计自身的创造价值，不希望在指明设计中所存在的破坏性与风险性的一面时导致人们对其创造性价值产生怀疑。但显而易见的是，越是在现代社会，当人们对设计的创造性价值寄以厚望时，我们越应当清醒地看到设计行为双重性的实质，并因此而引起对设计风险问题的足够重视。在这个过程中设计风险的存在是客观的，而且并非只是在设计的客观效果层面。从企业层面而言，即使设计获得成功，由于市场的原因、文化的原因、操作层面的原因也有可能导致设计创新失败，这是一个更具意义的设计风险。阿西莫夫所提出的"设计是一种高风险，高不确定性的决策过程"，正是包含着这些复杂的含义，只有清晰地认识到风险的存在，人们才能正确地制定出规避与化解，化解与转化风险的对策，这是一个复杂的过程，但是对于企业的设计创新而言，又是必要的。

2.2.2　不确定性——设计中的风险来源

1992 年的春天，温州东艺企业生产的一批大号皮鞋正等待处理，由于南方市场对大号皮鞋的需求并不是很高，造成企业大批产品滞销。缺少科学的信息沟通与市场调研环节，企业的产品数量和设计样式基本由企业家随机定夺，造成设计的产品样式与市场需求的不对接，类似的产品滞销情况在时期大部分的企业运营中并不罕见，由市场的不适应和设计的失误而造成的企业损失比比皆是。然而，当东艺为这批大号鞋头疼时，从东北绥芬河边贸市场传来俄罗斯对大号皮鞋的需求的信息，于是东艺企业就将这批鞋运送到俄罗斯境内，这批鞋很快被抢购一空，而东艺也打开了俄罗斯市场和国际市场的大门。

本来即将演变成企业危机的状况最终变成企业的机遇，东艺的无心插柳反而成就了东艺的多年机遇，导致这种形式逆变的原因显然是当下人们议论得最多的话题"市场中的不确定性因素"。这种"不确定性"往往只被解释成一种"机遇"，但事实上这种不确定性是每个企业都要面对的，无法回避，东艺的柳暗花明只是一种偶然，或者是信息及时沟通产生了效果，这种突变会带来经营中的成就感，但同时也掩盖了经营中的风险感。

人的经济决策是有限理性的结果，在条件明确的情况下，进行正确的决策，带来预期的效果；但是在不确定的条件下，决策的正确往往产生嬗变，这是导致"不确定性"后果的主要原因。如果企业由此而产生对市场的"不确定性"可能带来的机遇过分期待，则可能将这次危机应该带来的教训完全忘却。但是，真正值得记取的教训是何以大号皮鞋会滞销，以及如何回避这种本应在预测之中的风险，这就是企业应当如何研究及应对"不确定性"中的"确定性"经营问题，如何通过有针对性的设计创新与生产管理，使"不确定性"的风险降至最低。风险认识上的盲区，在多数企业、尤其是缺乏市场应对机制的中小企业中非常普遍，"风险研究"、"风险管理"及"设计风险"对策研究的缺席是许多中小企业市场应对能力长期滞后的主要原因之一。

我国对风险管理的研究起步较晚，这是由中国现代企业的发展而决定的。从上个世纪八十年代至今为止，国内对于风险管理的研究成果并不丰富。在国外风险管理的传播下，香港、台湾、大陆学者开始对风险管理进行理论和应用的研究，如台湾学者宋明哲在 1984 年出版了《风险管理》[1]专著，香港保险总会于 1993 年出版了第一本《风险管理》手册，大陆在恢复保险业务后，也开始风险管理的研究，并借鉴国外先进的风险管理经验和理论。2006 年 6 月 6 日，国务院国有资产监督管理委员会发布了《中央企业全面风险管理指引》[2]，标志着中央企业开始了风险管理的历程。但是这份文件是针对中央企业而发布的，其未能覆盖到更广的企业层面，大多数企业对风险管理仍缺少认识和应用，风险管理的研究和应用属于起步阶段。

企业要建立完善的"风险"意识，不仅在于意识到企业经营中的"不确定性"，还在于如何应对风险"不确定性"的主动态度。"不确定性"的存在，毫无疑问是企业决策和行为中的风险所在，但如果能将"不确定性"成功地转向可控可测，变成

---

[1] ［台］宋明哲. 风险管理［M］. 台北中华企业管理发展中心. 1984.
[2] 《中央企业全面风险管理指引》所指的全面风险管理，指企业围绕总体经营目标，通过在企业管理的各个环节和经营过程中执行风险管理的基本流程，培育良好的风险管理文化，建立健全全面风险管理体系，包括风险管理策略、风险理财措施、风险管理的组织职能体系、风险管理信息系统和内部控制系统，从而为实现风险管理的总体目标提供合理保证的过程和方法。而该文的风险管理基本流程包括以下主要工作：（一）收集风险管理初始信息；（二）进行风险评估；（三）制定风险管理策略；（四）提出和实施风险管理解决方案；（五）风险管理的监督与改进。

"确定性",那么企业将是安全的;若"不确定性"因素转向负面,那么毫无疑问企业将面临多种伤害或损失的可能。

世界上没有一家企业会拒绝设计创新的成功,也不会忽视设计创新的价值,但是,既然企业知道设计创新的高价值,为何又总是有意无意回避设计创新而转向其他的韬略?显然,这与设计创新活动中所包含的一系列"风险因素"相关。这一系列风险贯穿在企业的发展过程中,也是决定了企业成功与否的关键因素,这些"风险因素"也可以从"高不确定性"、"高成本"以及"知识产权获益"等三个方面中找到根据,从中能找到企业何以回避设计创新而采取另类经营模式的答案,而这将为探讨设计风险的来源提供重要的根据,也更加深入了解企业在设计创新中,如何与设计风险博弈的轨迹。

不确定性与企业活动

"不确定性"应当是导致企业创新风险的主要来源之一。

伴随着微电子和信息技术的发展,在组织学和社会学中仍旧在使用"确定性"这样的术语,但是"确定性"已经在社会的变化和企业发展中被削弱了,"不确定性"已经渗入到经济的核心位置。"在迅速而又无法预知的变革环境下,一个最常见的要素是:不确定性和生存。"派特里克·F. 康纳(Patrick F. Connor)[①] 在他的研究中就一针见血的指明了"不确定性"在当下环境中的重要性,这意味着在今天,"不确定性"因素已经成为一个基本的社会现实。

[①] [美] 派特里克·F. 康纳. 组织变革中的管理 [M]. 爱丁, 译. 北京:电子工业出版社, 2004:2.

"在繁荣的五十和六十年代，以相对的准确性预测国家经济的发展还是可能的。今天，甚至不可能再去预测从某个月到下个月的经济指标的变化。与国民经济变化中的'不确定性'相对应的，是对个体销售市场前景的迷惑不清。管理者并不能清晰的知道应该生产什么，以及为了达到这个目的应该使用什么技术——事实上，权威与权限如何在公司内部进行分配都是确定的。任何与工业家交谈或阅读商业书籍的人都可得出这样的结论：很多公司都将面临如何作出可以理解的未来战略的困难，即便这里没有政府的干预"①。这种瞬息万变的经济状况，与当今经济活动在广阔范围内的高度相关性密切相关。在"牧童遥指杏花村"的时代，乡村酒家可以深藏于乡间，稳定的生产着传统"杏花酒"，有着稳定的消费群而从不问及村外的风雨人情。但是今天全球效应的"蝴蝶效应"可以在瞬间将地球一端发生的某种事件传导到地球另一端，从而招来企业的杀身之祸，这种跨越空间的相关性使得企业经济的不确定性大为增加。

许多经济学家对风险和"不确定性"的关系给予不同的解释。富兰克·H. 奈特②（Frank Hyneman Knight）最早阐述了风险、不确定性、利润之间的关系，并确立了风险和不确定性对经济的重要性。希克斯、凯恩斯、斯蒂格勒、哈特等经济学家用风

---

① [德] 乌尔里希·贝克. 风险社会. 何博闻, 译. 南京：译林出版社, p267.

② 富兰克·H. 奈特是20世纪最有影响的经济学家之一，也是西方最伟大的思想家之一，他对于经济学发展和经济分析方法的创新作出了多方面的杰出贡献。"作为一个古典自由主义者，他是芝加哥学派的创始人；作为一个批评家，他告诫公众，经济学家的知识是有限的，其预测的失误是不可避免的；作为一名教师，他培养出了像弗里德曼、斯蒂格勒和布坎南这样著名的经济学家"。

险和不确定来解释利润、投资决策企业结构等问题①。贝克认为风险的本质来源于人类知识的不断发展和科学技术的不断进步所导致的"不确定性"。这些"不确定性"的因素都将在一定的时期和条件下转化成风险。

1962年，媒介思想家马歇尔·麦克卢汉（Marshall Mcluhan）的"地球村"概念，让世界变成一个村落；安东尼·吉登斯也为地球村下了一个明确的定义，即"某个场所发生的事物受到遥远地方发生的事物的制约和影响，或者反过来，某个场所发生的事物对遥远地方发生的事物具有指向意义，以此种关系将远隔地区相互连结，并在全世界范围内不断加强这种关系"。当初这些学者的洞见被认为只是一种超前的构想，但是今天经济的全球化确实从观念转成了现实。在全球范围内，无数素未谋面的企业由于千丝万缕的利益关系，而形成高度依赖的社会联结，不断复杂的关系链也导致全球化过程中蕴藏着极为深刻和不可预知的"不确定性"，正是这些"不确定性"成为酝酿风险的温床。

1895年，美国学者海尼斯在《作为经济因素的风险》一书中提出："如果某种行为具有'不确定性'时，其行为就反映了风险的负担。"②风险主观说的学者罗森布朗强调"风险是损失的不确定性"，进而指出：所谓经济活动中的"不确定性"包括发生与否的"不确定性"，发生时间的"不确定性"，发生过程的"不确定性"，发生结果的"不确定性"③。

各学科的学者对风险的解释最终回归到"不确定性"的因

---

① 刘怀德. 不确定经济学研究 [M]. 上海：上海财经大学出版社, 2001：118-119.
② 马民书. 风险论 [M]. 兰州：兰州大学出版社, 2000：3.
③ 马民书. 风险论 [M]. 兰州：兰州大学出版社, 2000：4.

果上来，不论是一种"不确定性"的原因还是作为"不确定性"结果的风险，我们能肯定的是风险与"不确定性"改变了经济的研究体系，揭开两者的关系对解释企业活动与设计创新的发展具有重大价值。

设计的"不确定性"

作为创新活动的一种形式，设计总是具体地与风险联系在一起。从经济的角度来看，设计的介入犹如一场高风险的赌博，不能成功规避风险不仅意味着设计活动的失败，也将招致企业从局部损失直至全盘皆输的终局。设计本身是一个系统工程，从一般的设计类型而言，包括产品功能、产品外观、产品形象、传播推广的设计；从设计程度而言，包括原理设计、原型设计、原创设计与改进设计；从设计内容而言，包括结构设计、界面设计、风格设计、语言设计；与这些设计活动相关的各种经济、技术、人文和市场等各种元素在其中交叉作用，都会对设计的有效性与获益程度产生影响。

浙江温州的家具制造企业澳珀公司的转型过程正显示了设计创新中由"不确定性"所带来的高风险性，以及通过控制风险而给企业带来的峰回路转效应。

澳珀公司是中国长三角地区成千上万的集设计、加工、贸易于一身的小型民营企业之一，主要业态为家居生产与销售，坐落于家具制造集中地温州。企业创始人是自学起家的家具设计师朱小杰。上世纪八十年代初，当大多数家庭还在使用日用品商店出售的几种简单家具时，这位当时还是会计师的业余家具制作者开始比照着图纸给自己和朋友制作家具。朱小杰结婚时在市场上找不到自己喜欢的家具，于是动手为自己的家设计制作了整套家具，这种做法与起源于 19 世纪末的英国工艺美术运动领导人威廉·莫里斯为自己结婚制作全部家具的做法存在许多相似之处。改革开放之后，他放弃国内的工作到国外学习语言和为建筑公司打工，几年之后回浙江创建了自己的家具生产公司。由于熟悉生产工艺和国外流行样式，他的产品开始在同类产品中崭露头角，并且开始以板式家具为模式的家具企业运营模式。然而，就在澳珀品牌的产品开始从长江流域大中城市到全国小有名气，并拥有日趋稳定的市场销售份额之际，1995 年，企业作出了关闭全国所有专卖店的大胆决策。

一夜之间，澳珀品牌的产品及各大专卖店全部消失在人们的视野里，这项举动对于对该品牌有认知的消费者及企业成员都是一个巨大的震动，而对于企业决策者来说，则是一次市场冒险的开始。几年之后，新的澳珀产品与品牌以全新的面貌重新回归家具市场和人们的视野中，人们才逐渐解开其消失之谜。原来，企业决策者发现，尽管澳珀的产品在市场上表面旺销，但是，澳珀公司的产品与同类产品相比较均质化现象过于严重。在上个世纪末，板式家具的生产模式在中国的广州、深圳、浙江、江苏等生产制造中心迅速扩张，这种速度也满足了国内外经济发展和消费欲望膨胀的需求，澳珀企业在这支板式家具模式的队伍中获得不错的市场份额，获得一定的消费认知。然而，尽管集"设计师"身份与"经营者"身份于一身的企业掌门人可以凭借对业务的熟悉与较强的设计能力比同类产品领先一步，但这种比较优势并不持久，很快就可以被其他企业学会并超越，这只能导致企业之间残酷的价格竞争。这时，澳珀公司意识到竞争的真正短板还在于缺乏核心技术及设计观念的领先，于是作出"休克"式停止经营的冒险举动，重新向国际市场寻求机遇，经过一段时间的酝酿，企业转向一种"乌金木"①的家具生产方向。

上世纪九十年代中期，中国大部分家具企业正处于以胶合板与密度板为主要材料的板式家具发展高峰阶段。这种板材从板材生产工厂生产线上源源不断地产出，然后进入家具生产线，采用标准的装配式生产工艺，配合简约式设计风格，既可以迎合当时普遍流行的大众消费风尚，又可以形成相当低廉而又快速的产品规模，这种模式只要扩大市场流量，谁占有生产线，谁拥有足够的资金成本，谁就可以市场为王。因此，一时间板式家具成为国内家具生产企业激烈竞争厮杀的主战场。其实，家具生产企业都知道，这种竞争局势不会保持长久，它最终必将导致家具生产企业的一次大洗牌，拼杀的结果只能剩下少数几家资本雄厚的企业满足市场需要，而其他企业只能成为这种被动竞争的牺牲者。然而，各种企业实际拥有的资源并不一样，为什么不能从不同的层面与角度进行更高品质的经营竞争？这也是澳珀在经历一段时间的板式生产模式之后不断思考的问题。

澳珀企业，地处拥有悠久历史的"永嘉文化"发轫地的瓯江流域，追求生活中的文化底蕴与高品质的手工制品是这个地区生活传统中的独特气质，温州拥有优势的实木家具工艺传统，拥有极为可观的优质家具生产经验资源与人才资源，放弃了这些优质资源而去抢占低品质的板式家具市场，实际上是一种经营方略上的重大失误。

---

① 乌金木，其正式的英文名称为"Zingana"，中文音译"津甘纳"，澳珀朱小杰为其取名：乌金木。在下文中会对乌金木的来源、纹理、加工技术、审美等进行详细的介绍。

然而一旦进入这种竞争车道，对于大多数企业而言，谁也不愿放弃车道而转让他人，澳珀公司的举动之所以让当时的同行颇为不解正在于这种主动放弃与另谋生路的勇气。

在寻求新的市场机会中，澳珀公司发现乌金木这种材料资源，这种木头在中国一直处于无人问津的局面，澳珀却将最大的关注点放在乌金木身上，关闭板式家具的生产模式，转而投入针对乌金木家具的研发中。所谓"乌金木"，实质是一种从非洲进口的新型木材资源，材质奇硬，不便加工，且拥有很多不为人知的奇特材性，因此这种材料在进口之初并不为人看好。但是这种木材具有其他硬木材料不可比拟的独特纹理，经过精致加工可显示出不同一般的高雅气质与家具品相，澳珀公司从乌金木上看到了巨大的市场商机。几年之后，澳珀公司慎重推出全新系列的乌金木家具产品，不仅彻底改变了板式家具制造商的市场形象，而且以乌金木这种独特的材质展示出另一种产品风格，丰富当时被板式家具占据的市场。当这种具有完全不同的家具气质的产品开始在市场亮相并成为一个新的关注点时，当其他企业还在打探乌金木为何物时，澳珀公司已形成成熟的生产技术与设计风格，在市场迈出了远远领先的一步。

图 2-1　乌金木系列—清水椅

图 2-2　乌金木系列—清水椅

诚然,从板式家具转型到主要以乌金木为材料的家具设计领域,从丰衣足食的稳定状态转变为面临着许多未知的市场,这种逆转性的企业变革,必将带来企业产品、生产、技术、管理、销售等各方面的变革,对于任何企业来说都意味着极大的风险。对于澳珀公司而言,从新材质的性能掌握,到新产品的设计思路,从新家具的市场认可,到企业运营中的资金链,每一步、每一个环节都意味着风险与逆转的可能。

以设计手法为例。乌金木是一种来自热带雨林气候的稀有木材,使用者非常之少,即使它有极美的外观,但是由于其物性不明,很少有人敢将其作为家具制作的主要材料加以使用。这种材料的开裂几乎不可避免,澳珀公司动用了当地院校及研究机构等各种资源希望彻底解决材料开裂问题都未能奏效。但是,澳珀公司的设计师没有放弃对这种材料的研究,直到忽然意识到,既然"开裂"不能彻底解决,为何不能以"开裂"作为一种设计语言有意识加以运用。于是在这种思路下的"裂纹式"、"断片式"、"拼接式"等各种新手法接踵出现,反而造就了乌金木家具的一大特色,尤其受到国外高档家具消费群的理解与欢迎。

图2-3 "断片式"

图2-4 "裂纹式"

在转型后的三年时间，澳珀公司一直处于亏损状态，直到1998年企业转亏为盈，逐渐得到市场的认同。尽管之后乌金木家具在家具市场获得很大的关注，但冒着极大风险坚持下来的创新设计已经成为澳珀企业品牌及市场生存的支柱所在。

澳珀公司的转型及设计创新实践为我们分析设计风险与企业行为的关系提供了有意义的案例。

首先它与经营者的风险定位有关。澳珀公司在转型之后，重新定位企业的设计创新属性——"作为一家以设计为中心而不是一般的家具生产公司"，这是一个非常显著的特点。企业创始人兼设计师朱小杰对企业的定位是："澳珀是一个以设计为核心，以品质为基础的企业。其实它是一个设计公司，只是它拥有一个工厂，这一点比别的设计师奢侈，但决不是一般常理中的工厂拥有一个设计工作室。"对于企业的定位也决定了设计创新的重点及由此而衍生的设计风险。

图 2-5　乌金木系列—蝶椅—正

图 2-6　乌金木系列—蝶椅—侧

对于国外许多成功的设计企业而言，这种以设计创新带动加工制作的企业模式可能非常平常，但对于国内大部分以生产制造为主的中小企业形态而言，敢于如此定位却是非常罕见，显然这与企业主的设计师角色有很大关系。但毫无疑问，在这看似华丽的企业转型定位背后，包含着一系列不确定因素所构成的巨大企业风险。

对于众多家具企业而言，20世纪末中国市场的最大风险之一是：随着经济的发展，市场的消费需求与趋势在不断变化，口味变得讲究和多元化的消费大众随时可能抛弃原有的习惯而转向当下其他热点，这将置一大批家具企业于生死线上。九十年代中期开始进入中国市场的瑞典设计品牌"宜家"（IKEA）已经开始展现这一变化的残酷性所在。当众多国内家具企业还在固守几种板式家具生产工艺及将一点市场份额分而食之的时候，以快速、时尚和北欧风格占据市场高位的宜家已经开始了对板式家具的大面积侵占。对于家具消费趋势的瞬息万变趋势，澳珀公司在经历一年的板式家具生产之后，在九十年代末将企业的运营模式果断转向当时只有极少数人涉足的乌金木实木家具设计领域，这一转变意味着澳珀公司从生产技术、生产流程、资金投入、消费对象和市场定位都发生一系列改变，企业面临着的"不确定性"是显而易见的。

但毫无疑问，以设计公司定位的澳珀经营理念为企业抵御市场风险带来巨大的资源，作为"设计者"所具备的先人一步的判断力和风险意识，对于掌握商机和在动态中规避风险起到了重要作用。

澳珀公司的经验对于解决中小企业的风险危机具有重要的启示。因为人是生产力的第一要素，人是最主要的创造力来源，确立以设计创新为核心推动力的设计行为在企业中的主导地位确实增加风险的可能，但同时也提供一种在动态中主动规避风险的企业理念和心理准备。这或许比在明知劣势的情况下，仍然在静态中固守某种优势的实际"风险"更少。但显然这也对企业的经营水平提出了更高的要求，这必须是一个由企业家、设计师加上消费者选择共同组建的围绕着产品设计创新的设计系统，企业为构建这样的系统必须付出更深入、更细致的努力。

熊彼特认为任何事物的经济关系都是因为与其他事物相互依存而存在[①]，作为产品设计的创新同样如此。如果只考虑风格、美观或外型，不考虑周围的条件与复杂因素，不与消费社会发生关系，这样的产品设计不存在真实的经济价值。但是，设计一旦与社会、市场对接，各种暗藏的市场风险将立刻由隐身状态显现到设计中。如果将产品设计置于企业产品主线来考虑的话，这种风险会由于企业运营的原因而成倍的放大。成功的设计在这一过程中转变为积极排解风险的行为，不合适的设计也会将企业拉入深渊，这就对设计师及企业的"设计化"运营提出了更高的要求。

所谓更高、更细致的经营决策，意味着决策区分层次和阶段的过程，在不同的层次和阶段中逐渐将风险分解，使最终产品在市场上具有较高的安全保障，是企业的风险运营之道。如前所述，物性容易开裂的乌金木产品一旦进入市场，带来的风险是悬在经营者头顶的一柄剑，随时可能将企业信誉置于死地。但是如果将"开裂"的物性定位为主动设计，将劣势转化为产品特性，这不但从根本上分解了风险的性质，而且将其转变为一种卖点的资源，确立了产品的个性化角色，也大大提高了家具进入市场的

---

① [美]熊彼特.经济发展理论[M].孔伟艳,朱攀峰,娄季芳,译.北京：北京出版社,2008：35.

信心,降低了经营的风险,这种化解"高不确定性"风险的思路是一种高端经营理念的呈现。

在竞争激烈的市场里,新产品要想在市场上获得容身之地,已经不单单是靠"物美价廉"就能实现的。美国布兹·阿伦和哈米尔顿咨询公司根据 51 家公司新产品上市的经验归纳出新产品设想衰退曲线,这个曲线显示了从新产品诞生到产业化成功,平均每 40 项新产品中只有 14 项能产生经济效益,如果再排除掉没有考虑经营风险的产品设想,在这 14 项的产品设计中最终只有两项能经过试验而获得成功,而最终上市的产品只有 1 项。这个判断揭示了产品设计研发过程中普遍存在的高风险性及低成功率,同时也证明要获得产品设计研发的市场成功需要细致和复杂的风险排除过程。

不确定性因素是一把双刃剑

"当风险可以预见时,风险要素的独立作用以及由此得来的收入都没有意义;当风险不可预见时,风险要素既是暂时损失的源泉又是暂时所得的源泉。"熊彼特在《经济发展理论》中指出风险因素是企业很重要的概念,预测企业中的风险因素对企业的经济安全将起到积极作用。但由于企业经营策略或重于开拓或偏于稳健的不同选择,不同的企业对于设计创新也会产生不同的认识。对于经营偏于保守的企业来说,选择先进设计是一件困难的事,因为企业中的各种条件无法适应先进设计的存在;但是对敢于创新的企业而言,先进设计和设计创新是企业发展和竞争领先的重要利器。但不论是保守型企业还是创新型企业,企业的共同目标都在于选择一条适合企业性格的发展道路,但是在不同的发展路径中,企业将面对不同的风险因素。企业在选择适合自己的发展道路的同时，企业的任何决策都不可能是确定的，也不可能预见到决策的最终结果。因为企业的发展是一个综合系统，除了企业自身的发展，还要涉及与市场、消费者、竞争对手的关系，一直都保持着确定性的决策和方向的企业，实质上可能面临着更大的风险。

在风险经济学研究中，风险与"不确定性"既关联，又有所区别。区别在于"不确定性"既可能产生风险，也可能成为资源。因此，"不确定性"不等于风险，这里需要积极的企业思维去辨析这些"不确定性"因素。身处复杂的"不确定性"社会，设计同样面临着多变的、不确定的状态，如何从中筛选出能转化为机遇的因素，避免风险增大，首先需要了解不确定性、风险、机遇、转变之间的关系。

20世纪最有影响的经济学家之一的学者富兰克·奈特（Frank Hyneman Knight）在研究中指出，"不确定性"不等于"风险"，经营产生利润的原因在于"不确定性"而非"风险"。创新能使企业经济增加活力，但创新未必能导致利润的产生，因为有些创新所带来的变化可以影响成本、技术或销售收入，但并不直接带来更多的利润；而有些经营因素因为其结果的多变性，所带来的结果更难以明确测算。

设计创新的影响力会渗透于企业运营之中，但设计本身往往不能直接表现为企业增加利润的环节，所以这也成为一种"不确定性"的表现，企业决策者如果仅仅通过报表来衡量设计的贡献，将会导致对于设计贡献的片面评价。在现有的企业评价系统中，一般没有设立对设计的成果转化为利润进行精确计算的环节。但由于缺乏这种评价机制，大部分企认识不到设计的价值，会使企业放弃通过加大设计投入而增加活力的机会,而将大部分精力关注于能快速看到产出和销售成果的生产管理和营销。

但是,我们通过相关的数据还是能找到设计创新与企业效率的关系。以下报表在一定程度上可以反映企业设计投入与产出相互关系的方式。地处广东顺德的东菱公司是来样加工生产家用电器的专业制造公司,但是自 2000 年之后加大了自主设计创新的投入,尽管未能精确计算出设计的投入与企业产出之间精确的对应关系,但是从 2000—2005 年企业在研发费用、产值、人工数之间的比值还是能看出设计创新的加入给企业产值带来的变化。

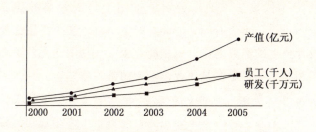

图 2-7　东菱 2000—2005 年产值、员工和研发费用

该图表明,从 2000—2005 年的五年中,东菱企业研发费用的投入和员工人数的增长基本同步,但是企业产值曲线呈现快速成长的迹象,五年来,企业销售额增长了大约八倍,而利润增长了将近三十倍[①]。这组数据还是排除有关几年内原材料涨价、人民币升值等因素之后所得出的结果。在激烈的市场竞争中,东菱从大电器企业中利用设计创新的核心价值获得飞速成长。到

---

　　① 蓝海林,湖启志,郭建刚. 创新设计使东菱的制造微笑起来. 第一届两岸经营管理个案研讨会,2006.

2008 年，东菱的销售额已达 45 亿，凸显了设计创新在企业发展中的价值。

从东菱的企业销售成长中能看到设计创新在其中的巨大价值，但是设计作为一种具有冒险性的行为，并不意味着只要设计就会成功。苹果公司的创新遭遇为解释设计创新中的风险提供了很好的佐证。

应该没有人会怀疑美国苹果公司的设计创新能力，也没人会怀疑乔布斯的营销和运作魅力。乔布斯对于设计的疯狂迷恋，这也是苹果公司一直将设计创新作为企业发展力的重要原因。从上世纪九十年代之后，苹果公司就推出了许多经典的作品，从 Imac、Ibook、Ipod、Ipad、Iphone 到 Iwatch，这些产品已经成为工业设计史上的经典之作，也是商业史中成功的典范。然而，苹果公司和乔布斯也绝非是商业市场中的常胜将军。

2008 年，美国《连线》杂志公布了在三十多年的成长历程中，以设计创新著称的苹果公司为社会提供了许多成功的设计创新产品，但是与所有的企业创新经历一样，苹果的产品设计创新并非总是一帆风顺，苹果公司的每件产品并未一经发布就受到全世界的追捧，在苹果产品设计创新的历史中，同样存在着以失败告终的产品研发案例。

在追求设计创新的发展中，苹果公司的"丽萨"（Lisa）个人电脑让一向以设计创新为目标的苹果公司狠狠的栽了大跟头。1978 年，苹果公司就着手该款电

图 2-8　Lisa 电脑

脑的构思和设计研发,而苹果公司也准备用"丽萨"来突破 AP-PLE Ⅱ 的模式,再次进行产品设计创新。沉醉在工业设计中的乔布斯构思了"丽萨"的设计外观,这也为工程师们的工作增加许多难度。此外,这款产品的成本不断上升,相比较 APPLE Ⅱ 项目只有两人的研发阵容而言,"丽萨"的研发团队相当"豪华",有超过 200 人和 5 000 万美元开发费用投入了其中,至 1983 年正式投放市场。

上市之后,"丽萨"电脑的设计创新远远超过了消费者所能承受的范畴,不论是性能或价格都超过了消费者所能接受的程度,技术、价格及失败的市场运营最终导致"丽萨"上市就遭遇挫败的局面,苹果公司不得不迅速通过推出其他产品来弥补"丽萨"的失败。"丽萨"的硬件则被降价出售,有些库存的"丽萨"产品甚至被用土埋法埋在了犹他州洛根,"丽萨"计划的失败导致苹果公司陷入濒临破产的边缘。

事实上,苹果公司的设计创新历史中曾不止一次有过失败的决策,如 1994 年推出的 QuickTake 数码相机等,这些新产品的研发力图努力追求创新以迎合喜欢冒险的市场消费者,但结果却是由于创新过度反而被消费者拒之门外。所幸苹果公司尚有余力调整状态渡过一次次的危机,能及时找到适合市场和消费者的产品。对于普通的中小企业而言,很可能一次失败都意味着灭顶之灾。

由此可知,设计作为一种创造性活动,往往伴随着成长的机遇,但也伴随着企业发展的风险。设计决策实施成功,将有力地促进企业运营的经济效益;但是一旦设计投入的决策失败,必将招致企业巨大的损失,从这个角度而言,设计中"不确定性"

因素的演变正是决定设计走向创造性或破坏性的关键所在。

2.2.3 高成本——设计中的利益博弈

苹果公司每次超越消费者想象的产品设计创新都面临着新的市场"不确定性"和风险。但是，这些"不确定性"是苹果中途一度衰落的"罪魁祸首"，也是苹果公司成长为世界科技产品标杆者的重要推动力。

富兰克·H. 奈特认为，由于现实中的竞争并非完全竞争[①]，理论与实际的不一致性造成了"不确定性"。"不确定性"将利润与变化联系在一起，同时产生盈利与亏损。因此，利润也来源于这种"不确定性"。

创新是经济发展周期中打破不均衡状态的主要因素，也是导致"不确定性"的重要因素。创新所带来的变化可能与利润相联系，但并非总是直接指向盈利，因为任何变化都同时面临着风险与机遇的选择。

我们强调设计创新是一种高成本的设计行为。那么设计创新、成本、利润三者是如何发生关系？设计创新带来何种利润？设计创新又是如何导致设计风险？只有进一步厘清成本与风险之间的关系，才能揭开设计风险的本质，同时揭示理性的、有节制的设计创新活动有效降低设计风险的现实路径。

---

① 完全竞争的基本性质是不存在利润或亏损，商品的价值与成本完全相等，即产品价值被全部分配给各生产要素的所有者，没有剩余。但是，在现实社会中，成本与价值仅仅是"趋于"相等，即只是偶然完全相等。在一般情况下，它们之间一定会存在一个正的或负的"利润"，这样，利润就成为分析完全竞争与现实竞争之间不一致性问题的出发点。

创新成本

现代管理之父彼得·德鲁克（Peter F. Drucker）指出，21世纪企业唯一重要的事情就是"创新"，"创新"已经成为全球性的议题。

根据熊彼特的解释与分析，"创新"就是建立一种新的生产函数，把一种从未有过的生产要素与生产条件组合引入生产体系，它包括引进新产品、引用新技术（即新的生产方法）、开辟新市场、控制原材料的新供应来源、实现企业的新组织等五种情况。这也意味着企业若要进行创新，必然要在过程中进行技术、资源、生产方式的投入，而这些投入都是属于高成本的投入，所以创新的过程意味着一系列高成本投入的过程。

1995年，澳珀公司从板式家具模式转向以乌金木为主要生产原料的实木家具设计领域时，就体会过高成本投入的风险。在木材中乌金木素来有"南非贵族"之称，其树型复杂，变化多端，外形曲折，可取材率非常之低，加之木材硬度极高，木材纹理强烈，加工成型后具有极高的审美价值，但加工过程充满变数。长途运输与加工技术的因素都使得材料资金的投入成倍放大。但由于乌金木是非常名贵的材木，作为国内首家使用该木材的澳珀公司，对乌金木的使用决策是一次以企业生存系数为赌注的高投入风险。成功的话生存及获利可能将被成倍放大，失败则意味着所有积累顷刻化为乌有。更为严峻的是，如果要将乌金木作为企业产品的主要原材料，那么该企业从风格设计、生产技术、工艺流程、营销模式等都将围绕该原料重新进行组合，其中还包括许多悬而未决的技术争端，这是一次真正的高投入和高风险的考验。

图 2-9　乌金木横切纹理　　　　图 2-10　乌金木纹理

澳珀公司设计师朱小杰成功地用设计手法化解了上述诸多风险，整个公司的技术结构与运营结构都围绕设计创新攻关重新整合，关闭已有的专卖店只是整个结构调整过程的一个环节。但显然通过关闭已有门店，使公司获得在精力与财力的转机，整个公司集中精力应付由于材料和技术转型带来的一系列课题：干燥问题、开裂问题、切割技术问题、视觉问题、不同材质的搭配问题、相关配件的风格处理问题以及乌金木材质的完美呈现问题等等。公司终于在乌金木的市场价值尚未被同行察觉之前，推出以乌金木为原材料的原创家具系列，先行一步占据了市场主动，并形成良好的国际市场反馈，进而转向国内市场，夺回了原先失去的国内高端办公家具销售空间。借着乌金木材料开发的先机，澳珀公司开创了一个新的市场，但其间的高成本与高投入的风险至今让企业决策者们深感震撼。在设计创新过程中，企业倾尽所有，在企业的资金、生产、管理和设计研发中，任何一个环节出现问题都可能让企业的高投入化为乌有。

当然，面对设计创新带来的大变革，大部分企业会采取稳妥一些的措施来相对降低设计创新中的风险投入，但如果在原有的企业基础上设计创新，那么，设计创新中的新关系组合同样将让企业面临许多困难。首先由于新生产组合没有经验，企业的设计创新行为只能通过自身的资源条件和有限的理性来预测，因此，设计创新过程充满着不确定因素，设计创新的相对高投入、高成本与高风险并没有降低，这也是使成本、风险与企业成功之间的关系变得扑朔迷离的原因之一。

在笔者长期跟踪调查的一家企业——扬州漆器集团的企业设计创新改革中，企业决策者采取的就是比较谨慎与安全的投资思路。扬州漆器集团的前身是扬州漆器厂，由五十年代集中了当时的民间传统漆器生产资源组合成的一家集体所有制企业发展而来。八十年代后当全国工艺美术行业进入发展瓶颈时，企业开始体制与业态改革，从改变生产结构到改变企业业态结构，一方面加大资金投入，新扩生产厂区，另一方面开辟专业市场。在现有厂区内，结合城市文化旅游产业开发需要及作为旅游城市的优

图 2-11　扬州漆器厂内

势，开辟出工艺美术品专业市场，数年内取得比较明显的成效。由于工贸结合策略的成功运用，使企业摆脱长期的亏损进入盈利阶段。

但是在企业力求进一步摆脱困境拓展更大生存空间时，企业决策进入一个迷茫时期，如何使现有的传统生产技术转为更具经济增长潜力的技术资源，成为摆在决策者面前的关键难题。最后企业的决策是，利用现有的漆器生产技术转产高端家具，利用家具市场对于高端产品的迫切需求打开新的市场局面。在设计创新、生产及管理结构上，企业采取专项发展及管理体制，在现有的生产结构之外成立一个控股子公司，从企业外聘请专家负责运营。这时企业开始遭遇熊彼特的创新理论中所提到的新风险，在新的生产组合中"从前的助力现在变成了阻力，过去熟悉的事物都变成了未知"。尽管企业希望将风险控制在最小，但由于对家具市场的不熟悉，对欧洲及国内风格需求判断的失误，新开发设计的家具产品始终处于"寻售"阶段，企业所有的投入资金随着贷款返利的与日俱增而成为悬在企业头顶的一柄利剑。

新产品组合关系的复杂性，就在于资金安全与产品安全的权衡判断。如果将澳珀公司与扬州漆器家具的案例做一对比可以看出：澳珀公司的关闭门店而专心开发新产品的决策看起来风险甚大，但其实质却是抓住了自己最有把握的产品安全作为重点突破，所以集中精力打好产品设计创新的战役；由于关闭门店，缩短战线，回避了资金安全的险峰，从而为新产品的问世争取了成长的空间和资源。而扬州漆器家具的决策，却是以一种延长战线的战术，看起来稳妥，并通过引进资金、创造资源、为新产品问世准备了条件，但由于新产品设计研发处于企业有把握控制的市场条件之外，同时资金投入风险未能有效控制，资金安全成为重负，这种重负仍在迅速增长，很可能最终压垮企业创新的决心，使得这次冒险成为一次失败的记录。

目前还很难对这种"以牺牲资金来换取产品安全"或"以牺牲产品以换取资金安全"的企业化解风险思路的利弊得出明确的结论，应当说企业决策各有自己的理由及难言之隐。然而可以肯定的是，高成本和高风险下的设计创新决策没有统一思想的模板，没有不变的定规，它只能是一种组合的决策，而这种决策的复杂性正是企业的设计创新最终成为一种充满风险或体现智慧的决策的原因之一。

2.2.4 产权侵害——设计中的安全困惑

隐身在广州的毅昌科技股份有限公司是国内以工业设计主导的大企业，这家低调的企业作为第一大工业设计产业集团，带动海内外255家企业实现约300亿元的产值。但是，在创业之初，企业也遭遇了设计创新的侵害。毅昌企业家冼燃在初期创业时，研发了一款手动剃须刨，这款新研发产品在投入市场之后，立即获得市场青睐，但是也受到许多仿造者的抄袭，在短短一年时间内，毅昌因为这些仿造者的恶性低价竞争而亏损了创业基金，让创业者和设计师严重受挫。

作为制造大国，因为仿造者的抄袭，导致设计创新企业的效益亏损的案例仍在中国各地上演着。所以，对于中国的大部分企业而言，在采取设计创新决策中最大的困惑莫过于来自知识产权获益方面的干扰。不言而喻，通过设计创新而得到相应的知识产权保护，并形成企业经营中的知识产权获益，是推动企业设计创新最有力的法律武器。然而这一社会政策在中国企业环境中遭遇了尴尬。对于大部分企业而言，通过设计创新而获得市场收益是一条漫长而充满变数的道路，大多数企业宁可选择模仿、抄袭甚至侵权，先获得短时期内的生存权，然而再考虑以后的对策。这是一种为许多设计创新推动者最感头疼的现实。然而它的形成，在中国有着客观的发展基础，决非一个简单的鼓励或禁止政策安排就可以彻底解决的问题。众多的中国中小企业，一方面担心自己的设计创新投入可能得到的市场收益被侵权行为所化解，另一方面自身又加入侵权者的行列，从而更加加大了知识产权侵害的风险。知识产权侵害，成为企业创新与设计研发中的最大风险来源。

从"万"企业[①]谈起

在温州"万"企业的"研发部"，设计师每天的工作与"ZARA"公司的设计师们的作为非常"相似"。他们最主要的任务是将样式采购员发回的市场畅销产品样式重新进行"设计"改造，从样式、颜色或材料都加以利用并进行改良，使之符合企业的风格，有时直接原样仿制。在"研发部"一天能诞生三到四款设计款式。依此类推，该企业一年就能出产1 000多个鞋样，这种高产的设计速度对于温州中小企业来说是平常不过的速度，这种设计分解和模仿的过程也成了温州企业中"公开的秘密"。企业并未设置相关的市场调研环节，即使开展部分市场需求的调研，也并不从消费者需求开始。而企业产品的设计以市场

---

① "万"资料来自作者的实地调研，由于涉及企业的资料，在此以"万"指代该企业。

流行或大牌产品的设计作为企业的风向标,企业的产品研发是直接站在成熟品牌或高端品牌的产品设计之上,低廉的价格和新潮的设计样式吸引着众多买家前来选购。这种模式也减少了企业的设计研发成本与风险,企业能从中看到直接的利益。

"万"企业的"研发"模式对于温州中小企业而言是再平常不过的例子。在温州的大大小小企业中,每天上演着对市场上畅销产品的改良或模仿行为。温州企业的这种"研发"态势在中国企业中也有着普遍性,它的存在与绝大多数从中国最初的市场经验摸索中诞生的中小企业模式有关,也与隐藏在设计创新中的设计风险隐患息息相关。

 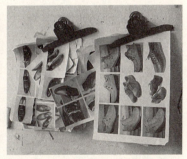

图 2-12　研发部购买的鞋样　　　图 2-13　研发部拍摄的最新的鞋样

浙江温州是中国民营企业的大本营之一,这里遍布着大大小小上千家的企业和工厂。温州的企业类型包含出口型企业和内销型企业,既有拥有自主品牌的全国知名企业,如"奥康"、"正泰"等温州知名品牌,也有分布在各个城镇的家庭作坊,更有大批默默为他人做"嫁衣"的无名工厂。这些散落在温州各个城镇的规模不等的企业,决定着温州民营经济兴盛衰败的基本版图。对于其中绝大多数的企业来说,"设计"往往如"空中楼阁",企业在设计创新中的艰难选择与保守态度直接联系着这些企业的成长史。

图 2-14　温州龙湾早期一家庭作坊工人劳动情景

图 2-15　温州地区典型的前店后坊式家庭作坊

浙江温州地处具有永嘉文化渊源的瓯江沿域,历史上有过强盛的经商传统与越境经营传统。五十年代之后由于全国经济结构的限制和地形导致的交通不便,温州地区既无大型国有制造业企业的投入,也无活跃的国际贸易与海外投资;直到改革开放之后,温州的经商文化传统重新得到空气和土壤,民间丰富的融资经验与跨境经商能力体现出独特的活力,温州商人重新走遍天下。但是温州中小企业的创新生态却始终存在某种先天性的软肋,从而成为影响温州制造业走向国际的障碍。温州没有大中型企业作为经济骨干,只有遍布在城镇周边的家庭式作坊成为温州民营企业力量发展的雏形,这种企业形式也是改革开放之初温州最普遍的个体经济形式。

在温州地区,受区域经商文化传统的推动,只要有市场需求,在任何地段都能形成围绕着市场的大大小小不同规模、不同种类的生产和制造作坊群。但由于技术和人力的限制，这些作坊基本只能生产技术含量低且工序简单的产品。如在温州瓯海地区，遍布着生产鞋类、衣服、眼镜等日用产品的微型家庭作坊；在温州乐清地区，则分布着基本以低压电器（弱电器）产品为主的家庭作坊。随着市场环境的改变，这些作坊的生产从原来面对市场变成面向大企业的"小型加工厂"，通过仿制市面最畅销的产品样式，或模仿上游企业中的成熟产品来获得生存空间。市场的机遇使得这些早期作坊转为加工厂，技术和工人随之变化，坐拥上百人和多条生产流水线的工厂层出不穷，成为温州制造业结构中最为活跃的产品供货商，这类企业大都以"贴牌"代工或"无牌"的内销产品为主要生产方式。企业开始接受来自国内或国外的大宗订单进行代工制造，以低成本的加工酬金换取的微利是维持企业生存的基本来源。其间，有些企业以拥有自有的"小品牌"来拓展国内市场，但收益并不显著。在这类企业中最重要的运转机构是生产线和管理部门，偶尔会有企业配备研发部，但大都以产品的改良设计或模仿设计为生。

图 2-16　东莞家具工厂生产线　　　　图 2-17　温州鞋厂生产线

这些企业中的研发部并不是真正意义上的研究开发部,而是样式模仿部。企业产品的开发仍然是依靠购买大品牌的样品进行测绘和模仿为主。如在鞋类企业,样式采购人员负责在市场进行资料收集和采集的过程,而这些资料的来源正是来自于国内外的各大品牌鞋样。他们将市面上最流行和符合品牌发展的设计样式发回到研发部,工厂迅速对鞋样进行结构分解和材料分析,进行模仿和翻版之后,迅速投入生产。搜集材料的渠道除了在商场搜罗各大畅销产品信息与购买样鞋之外,还包括对各大商场专柜中畅销商品的"偷拍"和"速记"。除了在市场上寻找最新信息外,还有一些专业的机构会提供大量国内外鞋业品牌每年最新的样式,只要花费少量的钱就能买到全世界最新潮与最时尚的鞋样、设计图以及生产分解剖析图,这种模式成为众多鞋厂获得样式"灵感"的直接来源。对于这类企业来说,企业的利益仍在于生产和制造环节。

图 2-18　鞋样设计图

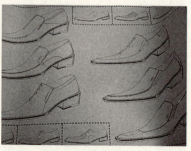

图 2-19　鞋样设计提分解

图 2-20　最新鞋讯　　　　　　图 2-21　最新鞋样

这种"设计创新"模式为温州各种产业的中小企业带来稳定的利益，避免原创设计带来的市场认知空白而导致的损失。随着经济和市场的成熟，部分企业逐渐脱离纯粹的代工制造，建立了自有品牌。这些形形色色的企业类型遍布于各个产品类别，包括鞋类、服装、家具、家用产品、电器等行业。整体而言正是这些不同规模、不同层次的企业群建构了温州企业活灵活现的生态链。

图 2-22　温州地区企业生态链

在温州也存在一批产业位置相对高端的品牌企业。如鞋类中的康耐、吉尔达，服装中的报喜鸟、庄吉等企业都是温州同类企业中在自有品牌方面的领先者。这类企业的产品以自主品牌为主，企业拥有一定的品牌影响并占有一定的市场份额。然而，对大多数企业而言，以贴牌生产保障企业生存仍然是一条常规的路，企业必须有一定的代工贴牌生产能力来保证经济收入和保证企业的生存。通过自身品牌来占据市场份额的这类企业不仅拥有比较完整的产品开发和生产线，还设有研发部、设计部、品牌部、技术部等部门，负责每年的产品开发和设计。

温州企业集群的生存状态只是整个中国企业生态的冰山一角，这些企业成长的历程在某种程度上浓缩了中国民营企业的发展史，从一个角度反射出中国民营中小企业回避创新的真实原因。

除了制造企业，中国大部分企业在国外同类品牌的强大市场攻坚能力与产品优势面前处于弱势，许多企业因此采取模仿大品牌的产品设计、模仿引进国外企业的管理模式以及打国外品牌的"擦边球"（山寨品牌）来取得短期的市场效益。对国外企业的模仿行为，不但对产品概念、材料、样式在内的产品设计进行模仿，甚至还研究标杆企业的各种行为，包括价格、生产、信息等企业管理经验，以此提高企业效益。

设计创新不是一种理论的假设，对于每个企业而言，"设计创新"都是一个实实在在的市场博弈过程。我国成千上万中小企业还处于靠低成本生产的市场竞争来换取生存空间的时代，设计创新往往成为许多企业可望而不可及的"空中楼阁"。然而，今天中国制造业日益显示出强大的学习、吸收与转化的能力，在学习国际先进制造经验中获得强大加工能力的中小企业难以再用"韬光养晦"的策略来继续"隐身"的攻略时，设计创新的决策博弈真正摆在这些中小企业面前。以往发生在国际市场上短兵相接的竞争厮杀直接转移到了国内，而以往传统中小企业往往选择更为现实和曲折的生存道路，产生于这些企业的"学习型"发展韬略，使得"设计创造价值"的理论一再遭到尴尬，但在今天这将成为一个真正的企业难题。中国已经处于瓶颈时期，微薄的代工生产已将利润管理压制到影响企业生存，而东南亚低成本生产的新兴代工国家的兴起，也动摇了中国制造之国的地位，因此，"设计创造价值"将成为许多企业不得不面对的命题。

以创新为本质的设计行为是贯穿于产品设计、生产、包装、推广等过程中的创新工程，在这个过程中需要投入设计资源、资金、技术等成本才能创造成功的发展模式，所以创新需要企业投入更为主动、果敢的决策才能在这种高端的竞争中有所作为，过去的经验将很快失去效用，尽管设计创新是高成本的活动，但对于企业来说将是必然的选择。

位于广东东南部、珠江口东岸的东莞是外向型经济的典型地区。东莞 GDP 的 80% 与加工工业有关，东莞模式是完全以 OEM 模式（代工生产）生产和制造。在生产旺季深入东莞工业园区，机器轰鸣声不绝于耳，工厂灯火通明加班生产，来自世界各地的订单让工厂不停运转。代工企业以 OEM 作为企业的运营模式，主要依靠承接国内外品牌厂商的订单来维持运转，工厂负责加工客户提供的产品图纸和设计来保证生产，订单的多少决定了企业能否生存下去。

由于薄弱的研发能力和历史上形成的技术传统，上述地区大部分制造企业目前仍只能处在产业链的下端生存。制造企业只要按照客户提供的要求、设计标准和生产技术来制造就可以赚取加工费，这在短时期内为企业避免了设计研发的高成本和市场风险，因此许多企业乐此不疲地进行这种看似"赚钱的买卖"，所谓的 OEM 方式成为大多数代工加工型企业赖以生存的主要经营方式。

广东顺德地区的 OEM 方式采取了不同于其他地区的"多种方式叠加经营"的模式：即在坚持 OEM 生产方式作为基本生产能力的前提下，以适当的 ODM 方式培养自己的设计力量，并做好市场准备进入 OBM（自主品牌）的经营阶段。顺德位于珠江三角洲平原中部，依靠周边强大的电子产品制造配套能力，成为全国最大的家电生产基地。与东莞的 OEM 模式不同，顺德地区所走的是 OEM 与 OBM 共存的模式。在顺德制造中，贴牌生产占 70%，自有品牌占 30%[①]。由于这种发展优势，顺德地区产生了一批较为成功的自主品牌，如格兰仕、容声、科龙等。顺德东菱企业的经营方式正是灵活地采用了 OEM、ODM、OBM 三种经营模式的叠加策略，这家诞生于浓厚代工生产氛围的企业的起家也是从代工与组装生产开始起步，经历了 OEM、ODM、OBM 的阶段，在这个过程中时刻考虑相关问题来化解企业风险，既保证了生产能力的扩展，又准备了未来的市场主动经营；既有为客户品牌服务的生产传统，又通过强化自身的设计而增加了客户的信任而获得更多的发展空间。对于中国中小企业而言，这些扎根于现实条件下的设计创新组合策略也许不合原理，但却是具有中国特色的生存之道。

我们必须承认设计作为创新的一种手段，是一种高成本、高

---

① 郭万达，朱文晖. 中国制造——"世界工厂"转向中国 [M]. 南京：江苏人民出版社，2003：413.

风险的企业活动，每一轮产品创新都将从产品外观、设计服务、企业设计管理等层面展开一次集体的历险。但是对于大部分企业而言，这种高成本的活动，又是难以胜任的。

从理论上讲，自主设计创新是指企业以自主设计为基本目标，通过自身的努力研究核心技术和设计，并在此基础上依靠自身能力向市场推出全新的产品设计和新工艺，以此来取得市场效益。但是中国绝大部分中小企业目前无法达到这一高度，原因非常明显：自主创新企业需要具备设计研发、技术创新、市场推广等一系列的企业优势与驾驭市场风险的能力，而中国大部分的中小企业本身的技术、资金、设计研发等方面都无法满足这样的条件，于是就出现了我们所不愿意看到的企业逃避设计创新的一面：通过跟随或者模仿的方式来规避设计风险，以此减少风险成本和企业成本，以追求稳定的收入和短期内获得利润。

不论是自主设计创新还是设计模仿，企业必须衡量自身条件的基础以及可能存在的设计风险。而企业在规避设计风险中采取的措施也是企业的利益博弈过程。

"O"品牌[①]作为国内女装中的中高端品牌，以独特的设计风格在国内女装市场中别具一格，该品牌在短短十来年时间内迅速窜红，以独特的服装设计、店面设计以及清新的格调赢得中高消费群体的青睐，也与大众女装市场得以区隔而成为女装中别具特色的一个品牌。

---

① 该品牌目前是国内中高端的女装品牌，现已在全国开设50多家直营专卖店。由于涉及企业的隐私问题，本文中以"O"表示对该品牌的简称。

74　"有备之险"——中国中小企业的设计风险研究

图 2-23　"O"品牌 09 春夏服装款式

　　但是在这看似独特的设计风格背后,也是对于国外知名品牌服装设计不同程度的借鉴。公司每个季度从国外购买知名品牌的样衣和服装设计书籍,吸收国外最新的服装潮汛成了该公司服装灵感的风格来源之一。面对多样化的服装信息,公司会对收集来的信息进行统一的整合,来确定公司每个季度的主题风格,设计师们根据每期的设计主题来寻找符合当季的设计原版,采取完全模仿或部分改良优秀原创设计的方式来获得"灵感"。在较短的时间内,设计师们借鉴程度不一的"作品"就能挂在该品牌的各大门店。

图 2-24　国外设计师原创设计　　　图 2-25　"O"品牌的改良设计

如图 2-24、2-25 所示，两图中分别是国外某著名品牌的原创设计与"O"品牌设计师的设计，"O"品牌设计是对该原创设计进行重新"设计"之后的样式，这个"设计"过程只需对原创设计进行改良，在保留原设计中的领口、腰带、款型设计之外，更换了布料、花色等部分，这种改良设计在服装类行业中十分普遍，已成为该行业中惯用的"设计方法"，在中小企业中更是一种司空见惯的方式。

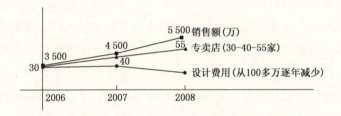

图 2-26　"O"品牌 2006—2008 年销售额、设计费用和专卖店比率图

从"O"品牌 2006—2008 年销售额、设计费用和专卖店数量的比率中，我们也可看到设计借鉴为该品牌带来的影响。与东菱公司在设计投入带来产出的正比结果不同的是，"O"品牌在 2006—2008 年这 2 年中设计费用并没有增加，反而减少。但是品牌靠着专卖店数量的扩张和品牌的推广，到 2013 年，"O"品牌的直营专卖店数量已达到 50 多家，销售额超过 2 个亿。这个图从某种程度上说明：设计模仿的方式能为企业减少大量的设计创新成本投入，企业通过其他的经营模式可以获得高收益，这也不难解释为何众多中小企业为实现快速的利益扩张而纷纷采取设计模仿的方式，这种方式事实上是企业规避设计风险的方式之一。

设计"搭便车"

公共选择学者丹尼斯·缪勒（Dennis C. Muller）认为："公共物品的特性构成了集体选择存在的理由。"① 通过缪勒阐释的公共选择的偏好性和公共选择的视角，我们能更本质的看到决策主体的选择缘由。

在消费设计的市场中，设计自身的特性正构成了被集体选择的原因。发端于民间草根的山寨行为正是对主流势力的挑战，靠仿冒或伪造已有成名品牌和厂家的产品设计来获得市场利益；不论是家庭作坊中的样品仿制、企业中的"改良设计"，还是通过模仿来压缩产品设计的时间和资金投入，设计在模仿过程中被作为一种公共使用的资源。当率先研发的企业将创新设计的产品推向市场试水成功之后，许多跟随者即刻可获得设计的样式和材料等信息，从而投入快速的生产和制造过程，设计在这时成了被公共使用的物品。设计"公共品"的特质，很容易形成"搭便车"现象。

本来"搭便车"现象②只指宏观经济学中的"公共品"消费问题，指一些人需要公共财物，但是在别人付出代价取得后，他

---

① Dennis C. Mueller, Public Choice Ⅱ ［M］, Cambridge: Cambridge University Press, 1989: 11.

② 1965年，美国经济学家曼柯·奥尔逊公开发表了《集体行动的逻辑：公共利益和团体理论》（The Logic of Collective Action Public Goods and the Theory of Groups）一书，书中正式提出了"搭便车"理论。所谓"搭便车"（free-rider problem），又名"免费搭车"或"坐享其成"，是指在集体行动中，一个人或组织从公共产品中获益，但却既不提供公共产品也不分担集体供给公共产品的成本，从而免费从其他人或组织的努力中受益。它反映了个体自利的经济理性与集体理性之间的冲突为人类共同生活所造成的困境。

们就可不劳而获地享受成果。在市场竞争中,"搭便车"现象更是层出不穷,"搭便车"现象存在于生活各个环节中,也存在于设计创新中。"搭便车"是一种客观现象,尽管往往是人们不愿意看到的现象,但它的客观存在促使人们去思考背后的原因。

对于产品消费而言,成熟品牌拥有一定数额的忠实顾客,而这些消费者对所忠实品牌的辨别基本通过视觉,如产品的外观设计,包括产品形态、材料、色彩、嗅觉、声音等感官刺激,以此来达到熟识度,并通过产品的商标和产品一系列的形象系统来加以识别。所有这些设计形式的影响力将使成熟设计及成熟品牌容易成为设计消费中的"公共品"。

"公共品"消费具有一种"非竞争性"和"非排他性"特征。所谓的"非竞争性"是指这种"公共品"消费是不包含竞争因素的;"非排他性"是指一个人消费了某种物品,但是并未排除其他人使用这种物品的可能。这些对于消费者而言,设计形式的消费成为公共品没有问题,但是对于推出设计形式的企业而言,成为一种资源共享的公共品则存在着不公。因为,所谓的"非排他性"是指一种公共品被消费之后并不排除他人继续消费的权利。例如城市中的公共艺术,不会因为观赏它的人是一人或多人而改变它的艺术价值。但在商品消费中,消费者资源是有限的,一种设计形式在此处被消费之后,同一位消费者一般不会再从它处进行同样的消费,这样就分解了消费资源,从而形成消费过程中的选择性与排他性。这对于投入创新成本、推出原创设计的企业必然存在不公,原创设计资源的利益已经被其他"搭便车"的企业捷足先登,创新企业获得的利益将减少,由此而造成设计成为一种公共消费对象之后可能存在的隐性不公。

设计"搭便车"现象带来了不公平的市场竞争，处置不好，将直接搅乱市场秩序。显而易见，设计创新的企业主体面对众多竞争者"搭便车"的模仿，其市场份额与利润都将减少。模仿者由于成本低、入门快、市场认可快，能在产品价格上占据优势，还能在产品周期上加速完成，定价规则也将被打乱，这都可能让率先开发企业的设计创新行为导致负效益，从而大大挫伤率先研发企业的设计创新积极性，更多企业宁愿止步不前或占用"他人设计资源"也不愿再冒风险，因为原创就意味着更多的市场风险和产权侵害，这必将大大降低企业的创新积极性，企业一旦选择更实际更保险更稳定的静态发展，市场竞争将进入一种消极的循环。可见设计"搭便车"不仅仅是设计资源的争夺，还将导致市场陷入恶劣的竞争状态。显然市场需要一种制度性的安排来避免公共品"搭便车"现象发生。而"ZARA"品牌的设计"搭便车"行为被众多时尚大牌举报之际所支付的几千万"侵权费"策略，正是市场存在明显的制度漏洞的现实情况下，以企业行为予以补偿的策略，这种策略是"ZARA"品牌消费了其他品牌的设计公共品，又适度的维持了与原创设计之间的关系。

产权侵害的本质

与"高成本"研发风险紧密联系的是产权侵害问题。自从1886年签署的《伯尔尼公约》[①]开始对签约国所承诺的知识产权保护体系进行规划以来，遵守知识产权保护条约与市场违约的博弈始终未能止息。

---

① 《保护文学艺术作品伯尔尼公约》，简称《伯尔尼公约》，瑞士政府于1886年9月9日在伯尔尼举行的第三次大会上予以通过，是世界上第一部国际版权公约。

2 现代性的后果——机遇与风险

在倡导"创新"价值为基调的现代市场中,确立创新作为正确的引导方向是主流,但是设计"搭便车"背后所隐含的市场潜在逻辑和经济原理却在提示我们,设计创新背后所存在的风险性将使得众多企业选择更为稳妥的途径获得成长。设计"搭便车"的出现是在对创新风险与成本考量的基础上进行选择,"跟进企业"利用率先研发企业的知识产权成果而获得部分市场利益。

这种设计"跟进"的行为对率先研发企业原创资源的利用会造成原创产品效益减少,给创新主体带来更大的设计风险。从理论上而言,一个完善的产权制度将为设计创新提供保障。但事实上现行的制度远不能完全填塞制度执行或环境机制的各种漏洞,如果无法填补制度的漏洞,那将导致原创资源遭受损失,也将扼制原创主体的创新性。目前,从设计发达的西方国家到发展中的东方各国都在努力建设一个可以为设计创新提供保障的产权制度,但是由于在设计产权与环境机制间尚未形成完善制度的措施,设计创新在各国都存在着与市场主导力量相悖的挑战行为,正如"ZARA"所做的那样,或许这并非仅仅以企业品格就可以解释,其中所包含的市场风险原理值得认真应对和深思。

在中国由于中小企业自身的后发特性,当面对激烈的市场竞争和开放所带来的全球冲击,以发达国家为比照对象、从借鉴技术成果、管理经验到模仿产品设计是一个可以想象而又难以避免的过程,但是当今天的企业已经意识到知识产权的侵害不仅危及竞争对手,也同样将影响自身权益时,某种潜在的经营定势已经形成,并影响着企业作出走向自主创新的选择,这是中国市场知识产权侵害问题的真正复杂性所在。

3 设计风险与市场动力

"一旦技术创新成为一种常规,就会有一种强烈的惯性。"

——J. 艾卢尔

3.1 设计风险的主体分层

1995年,温州家具制造商澳珀公司关闭了全国所有的专卖店,关闭工厂所有的生产线,重新研究产品研发的思路和企业发展新方向;14年后的2009年1月,有着60年历史的德国科隆家具展迎来了其有史以来第一位中国设计师——朱小杰的独立家具展。在十号展馆将近130平米的展厅里,展出了澳珀公司设计的最新作品"细竹系列"家具,这场以"四百年前的中国家具"为主题作品的亮相即刻吸引了国外媒体和同行业的目光,而这种关注所包含的不仅仅是出于专业的兴趣,其中还包含着对中国家具产品原创性的审视。最终,挑剔的德国同行认可了这组以中国传统的明式家具风格为蓝图并结合现代制造技术形成的新风格样式,并予以极高评价。

图 3-1　2010 年 1 月,德国科隆国际家具展,澳珀展厅"四百年前的家具设计"
(图片来自澳珀)

图 3-2　细竹系列——鸟笼吊灯　　图 3-3　德国国际家具展澳珀展厅

2010 年,澳珀在上海世界博览会上承担了中国馆的家具设计,让澳珀家具产品再次被世界所认识;2011 年,澳珀家居以"皮草与木头的故事"为主题亮相于米兰设计周;2012 年,澳珀在北京国际设计周与米兰设计周上开展以"坐下来"为主题的展览；2013年，以"坐下来，喝杯茶"为主题开展"中国风"生活方式展览。2013年，澳珀在家具的基础上进军瓷器产品，并注册了以"瓯窑儿女"为名的陶瓷品牌，实现了设计与瓷器的合作，将澳珀的设计观念注入到瓷器设计中。2014年10月，北京国际设计周迎来澳珀设计师朱小杰在北京的"栖息"展览，呈现澳珀的产品理念跟跨界合作。

图3-4 水鸟

图3-5 水滴酒瓶

图3-6 2014年，朱小杰"栖息"个展现场

图3-7 2014年，朱小杰"栖息"作品

在短短几年里，澳珀从一个温州中小企业发展成为被国际认知的家具品牌，其中，设计创新是很重要的法宝。

但是，在这一系列的设计创新的行为背后实质上意味着巨大的市场风险，但澳珀公司面对这些风险迎难而上，毅然作出设计创新为主的发展策略。实质上影响企业面对设计风险作出对策的因素，除了构成风险的各种原因之外，采取对策行为的各种责任主体的应对态度也是一个重要因素，不同责任主体均会与"市场"形成互动，并培养相应的决策标准。

实际上，将艺术风格探索或设计创新作为一种企业发展策略，用来促进经济和社会发展的思想早已成为一批卓有远见的企业家的共识。在上个世纪初，设计开始作为企业层次的战略逐步被认识和主动加以运用。

在早期的企业经营中，工程性和技术性位居企业利益的前列。美国通用汽车公司的亨特在给通用总裁艾尔弗雷德·斯隆（Alfred P. Sloan）写的一封信中这样描述20世纪汽车工业起始的30年间，工程设计主导整个汽车设计过程的背景："最初的时候连舒适性都只能位居第二位，而样式、经济性等因素即使得到了考虑，也没有多少……工程技术吸引了全部的注意力，工程师通常居于主导地位，甚至会固执到要求不许更改他们的一字一句的地步。他们毫不顾及制造的可行性及维修的方便程度，毫不关心这些活动所需要的时间和金钱，甚至广告和销售部门都大声要求工程师们考虑一下汽车上的什么特点能够成为卖点……"① 这

---

① ［美］艾尔弗雷德·斯隆. 我在通用汽车的岁月［M］. 刘昕，译. 北京：华夏出版社，2006：247.

种局面反应了通用汽车前 30 年汽车设计的真实写照。

直到 20 世纪二十年代末的经济危机出现之后,为了让经济开始恢复,人们用尽一切方法来刺激商业的发展,而商业设计在这个时机呈现生机,样式设计的商业价值开始呈现出来。在当时形成以样式设计来促进企业销售的手段,而工业设计也被企业和社会所接受,成为现代企业中的重要部分。经济危机让美国经济陷入了衰退,高失业率、高破产严重影响着生产线的运转与人们进入商场购物的乐趣,政府不得不出面进行干预推出罗斯福新政,促使经济进入了复苏。在此期间,各企业之间采取激烈的竞争手段,而设计被企业奉为求胜的法宝。最早的一批职业工业设计师对于"样式"的魅力是颇为敏感的,这与他们大同小异的美术背景有着密切的关系。通用汽车公司的哈利·厄尔(Harley Earl)是好莱坞电影美工出身,华尔特·提革(Walter D. Teague)曾经是一名优秀的广告插图画家,而雷蒙德·罗维(Raymond Loeway)之前的职业是橱窗展示设计师和广告插图师,这种背景也导致着代工业设计师对产品的外观给予更多的关注。从企业管理者的角度看,对外观设计的重视,是由于当时的社会商业环境和消费者需求下的大环境带来的刺激,这也导致这一代美国职业设计师的职业目标即"为制造业开发产品,使之比先前的产品更好地为人们服务,并在消费者那里创造占有欲。当然,最终的目标就是销售,且有利可图"。[1]当然,美国商业设计的形成和发展并不是在产品外观和样式上的设计这么简单,也不单单是改进销售和管理方法的技术,当样式设计对消费者调查结合在

---

[1] Jeffrey L. Meike, Twentieth Century Limited, p75.

一起的时候,社会也形成了商业设计的事实。事实上这种水乳交融的关系并不仅仅体现在设计话语和消费的关系,同时也将社会背景、商业资本、企业风险等因素一起带进了设计之中。

现代设计不仅仅是产品的外观设计,而是将产品设计与市场经营相结合实现消费需求、市场竞争、经济博弈等综合目标的手段,这也注定了设计创新不得不面对各种关系,而所有这些关系中的不确定因素都将与设计自身的因素相交叉、融合演变成设计风险。由于企业业态的不同,意味着存在不同形式的风险,管理风险、财务风险到技术风险、设计风险等。通常情况下这些风险会被不同的责任人分担,不同的责任主体在应对不同的企业风险时会采取其自身认为合适的应对态度。因此针对不同责任主体的行为进行分析,是帮助我们理解企业在发展中为何呈现不同的发展思路和设计风险应对策略的理由和根源。

3.1.1 企业家——追逐风险的爱好者

图 3-8 企业家犹如走钢丝的人

坐落于江苏省扬州市的"扬州漆器集团"是目前握有扬州漆器作为地方著名产品专有权的生产商与经营商。

在上个世纪九十年代，国家基本停止对传统手工艺行业的行政补贴，大部分传统手工艺行业进入市场调整和转型时期，而地处江南的扬州漆器厂市场环境也经历了重大变化。一度陷入困境的扬州漆器厂度过一段消极的"等待"时机而转变为主动"创造"时机的经营态度，从历史文化"借势"，再到重塑品牌"造势"，到发展综合产业"运势"，这一系列的策划与运作使传统的"扬州漆器"字号在新市场环境条件下重新激发活力[①]。2000年，扬州漆器厂大胆地进行了一次厂区改造，利用政府政策支持贷款发展新厂区，将生产空间转至郊外开发区，老厂区改造为以漆器工艺品为主营产品的工艺美术大市场；从厂区改造开始到2004年，扬州漆器厂经营额近2 400万元，在几年的销售额中，有相当一部分来自新开拓的传统市场，扬州漆器厂的厂区改造为企业带来新的市场空间，企业通过市场运作的方式来获得盈利。

在中国制造贴牌的大潮中，澳珀家具并未加入家具贴牌代工的发展模式，而逆代工制造之潮流，选择了自主设计的道路。转型并非意味着成功的直接效益，转型之后的三年期间，颠覆性的企业变革面对着全新的市场，澳珀企业的销售一直处于亏损的状态。但是经过三年的市场试水过程，1998年企业转向赢利状态，而且转型后产品的高附加值和品牌价值为企业赢得了长远的市场和丰厚的利润。澳珀企业家当初关闭板式生产模式企业，开创以乌金木家具的设计创新为中心的决策让企业真正从风险逐渐走向安全。

---

① 叶芳. 转型中的传统老字号设计管理问题研究——以北京王麻子和扬州漆器厂为例. 硕士论文，2006：37.

扬州漆器厂和澳珀的两位企业家在面对风险时采取不同的应对手段，这种差异来自于企业家的不同背景、知识及对企业发展模式的认识。扬州漆器厂的企业家更善于从市场的角度来运营企业，形成以市场为中心的运营模式；而澳珀的企业家由于自身作为设计师的敏感而采取设计创新的发展之路。当然，企业家决策的判断并不是盲目的冒险与跟风，而是根据当下企业的恰当性的分析而产生的结果。扬州漆器厂的市场转型是以市场销售带动经营创新的路径，而带领企业作出经营决策的领导人并非产品专家，而是对市场有着更为客观的了解，从而作出应对市场运营的决策。相比之下，对于产品创新带来的设计风险却明显表现出慎重的态度。因此，扬州漆器厂在转型成功的经验中产品设计创新所带来的比重并不明显。而温州澳珀家具的经营者却是设计师出身，在他的思路中设计风险与企业风险完全一体化，企业所承担的全部资金风险、管理风险、市场风险都与设计创新所要采取的动作有关。因此企业经营的风格中完全呈现出以产品设计创新为主导的资源协调与资金运作风格。同样作为经营成功的案例，企业的经营策略中对于设计风险及防范风险的考量则占有突出位置。

澳珀企业在发展中历经几次转型，而企业每次转型的决定权最终都掌握在澳珀企业家朱小杰手里。企业的每次转型始终以充满探险精神的设计创新作为企业的主导力量，这是将"设计风险"作为发展策略来分担企业在生产、管理、市场上夹带的风险，这需要企业家的胆识与决断能力，而同时身兼企业家与设计师职责的朱小杰刚好具备作出这种决策的可能。

图 3-9 澳珀细竹系列——玫瑰椅　　　图 3-10 澳珀细竹系列——钱椅

由此可见，企业家对于设计风险采取何种决策，是决定企业在设计创新路上走多远的决定性因素。保守型的企业家必定会紧紧跟随先发企业的设计决策及动向；创新型的企业家必定会将一种"乐观主义且勇往直前"的精神灌输到企业中，成为企业的一种文化。设计，作为一种高投入与高不确定性的行为，其介入必然会为企业带来设计风险，但是设计对于企业还存在另外一种价值，那就是成为企业的生产力，这需要企业家从企业经营的角度予以判断和选择，在企业中为设计找到合适的位置。

如果这个世界上没有风险产生，大概也没有人会成为追逐风险的爱好者。但是因为有风险的存在，才有这些企业的企业家成为甘冒风险的偏好者，这些人通过识别各种"不确定性"中蕴含的机遇来把握成功的机遇。熊彼特所界定的"企业家"是通过"实现生产要素的重新组合"来带动经济的发展的，是作为创新主体，通过决策来带动企业经济发展。在熊彼特眼里的企业家应当是充满着"创造性破坏"精神的角色。但不可否认更多的人是风险规避者和保守者，这些人愿意交出自己的风险遭遇，以求稳定的生存,这本身无可厚非,对于企业而言也是一种责任。这些多元化的表现解释企业发展路径的多样性,有的企业家愿意承担风险,并敢于从中获得发展,当然也可能面临一招失策,满盘皆输的风险;有的企业家坚守保险的发展途径,选择最安全的发展道路,即使获利空间越来越少。

或许没有一个模型能清楚解释各类企业家面对风险时的心理和行为动机,但是有一点非常明显:对设计风险原因的了解与掌控程度是决定企业家选择或排斥设计风险的重要因素。许多企业家的决策或许会出于一种直觉来判断,但这些直觉却与企业家本身的专业特长、文化背景、知识储备、个性等有关。尽管会受到不同的因素影响,唯一能肯定的是:企业家面临的是一系列"不确定"的因素。1927年,通用总裁斯隆成立"艺术与色彩部"时并不一定能明确地看到外观设计对汽车行业真正的潜在机遇,只是以一种直觉来支持他的判断。但就是这个凭借直觉的决策为通用公司带来意想不到的市场,其销售量一度超越当时垄断美国汽车市场的福特公司,这也是斯隆未曾预测到的结果。尽管每个决策的过程和结果都面临许多的未知,但是企业家的决策在趋向于主导性的引导之前,对风险掌控的判断是必须要考虑的重要内容,而这种判断又是和企业家对于企业责任的设定相联系在一起的。

"我为松下制定了250年的奋斗目标。要为十代松下人不断奋斗,使这个世界成为物质的乐土。"[①] 松下幸之助是这样定位自己在松下未来的责任。作为企业战略的制定者,对企业未来的

---

① 陈春花,赵曙明,赵海然. 领先之道 [M]. 北京:中信出版社,2004:264.

迷茫所带来的破坏性极大，甚至可以毁掉整个企业。"从现在起，这家公司将会百年富强。不止 100 年，甚至是 500 年。"① 安纳肯达矿业公司的总裁在公司破产前三年的这番雄心豪言也并不能挽回企业破产的悲剧。大部分的企业家总是夹带着一股野心和壮志，但是因为市场目标的不明确、自我认识的不完整、消费者需求的不了解，产品将无法具有商业价值，各种不明确往往达不到好的效果。这是由于企业家的背景、经历、价值观的差异而导致，但是他们在制定战略目标的时候，对于企业利润的追逐是共同的起点，唯一不同的就是面对不确定性与风险策略的决策。

如前所述，设计创新介入企业经营与商业，不仅将市场机会带入了设计创新，同时也将市场风险带入了设计行为。对于一个纯艺术行为而言，创新的风险一般不具备"外溢性"，而设计则不是。设计中本质的矛盾就是"设计行为的个人性与设计实现的社会性"之间的矛盾；当设计从个人的行为转变为社会性现实时，任何一点微小的不确定性后果都可能放大为巨大的社会能量，而承担这一风险的主体往往不是设计师个人，而是企业家。因此，对于个人设计师而言设计中面临的是个人风险，而对于企业家来说，则毫无疑问是一项复杂的风险决策。

但是，在现实的市场环境中，由于风险因素和市场环境的多变，企业家的决策必然受多方面限制。企业家每次决策尽可能从各种可能的方案中选取风险最小，对于企业而言受益最大的有限选择。澳珀公司选择了设计创新作为企业的战略，这是出于设计

---

① [美] 理查德·福斯特，莎拉·卡普兰. 创造性破坏 [M]. 唐锦超，译. 北京：中国人民大学出版社，2007.

师出身的企业家自身的背景、企业状况以及对产品设计品质价值的确信而作出的选择；这种选择也来自于企业确信通过在企业中调整设计、生产、营销等各种组合的重新搭配，足以应对通过这种方式企业可能面临的风险；而扬州漆器厂对企业的优劣势进行考虑之后，采用了以市场推广战略为重心来降低研发和设计风险，以换回企业所需的市场空间。

所以说，企业家犹如追求风险的冒险者，时刻都在追求新的组合，而熊彼特所界定的"企业家"是一种不稳定的状态，只有不断创新才是判断企业家的唯一标准。当然，他所描述的企业家"稍纵即逝"的特征对于一个创新型企业而言是十分重要的特性，但这种特性并不能呈现在所有的企业家身上。大部分企业家选择或排斥设计风险并不存在绝对的价值界限，唯一的依据只能是企业利益所在，及企业对可能招致风险及其破坏性后果的判断。但与此同时也必须看到长期利益与眼前利益对企业长期经营效果的影响力所在；有些决策能为企业换回眼前的有益性，但可能无法解决企业长期运营过程中无法回避的问题；而有些决策则可能会全力面对眼前的难关，但度过一个瓶颈阶段则可能换来更长运的优势；因此，企业家的风险决策的选择实际关联着一系列极为复杂的权衡机制。

3.1.2 设计师——风险分析师

与企业家决策中走钢索的风险相比，设计师的角色更像是一个风险分析师。

设计师是企业活动及新产品开发过程中很重要的核心角色。作为创意的生产者，设计师工作创意的部分不能仅以理性判断为依据，但设计师面对风险的判断则应以理性为前提，而对于风险的分析及取舍也铸成设计工作最本质的特征，即尽可能的从不确定的环境与后果预见中寻找安全的设计。成功设计师的主旨应当是通过合适的设计行为，为企业降低风险，分担风险，创造机遇，谋求成功。相反，如果由于设计本身的风险处理不当，设计将为企业带来风险。

我们的设计史可能往往会忽视一些不愿意被人们提起的例子。

1929年，通用汽车"艺术与色彩部"设计的第一个车型一上市就遭到了失败，这对于当时刚成立的"艺术与色彩部"来说是个很大的打击。尽管厄尔在之后对这款被公众戏称为"怀孕的别克"进行解释，认为是在投产时工厂改装了他的设计。但不得不承认的是，厄尔在设计这款车型的时候，并未考虑到市场的需求和设计之间的联系，这种忽略为企业带来了巨大的经济损失。这款"怀孕的别克"在市场上遭遇的滑铁卢确实说明设计未能带给企业安全，设计已经超越了消费者的接受能力，或者说它不符合市场预期的目标。事实上，消费者不仅对先进的设计有所期待，同时对新设计接受度也是存在一定底限的。当设计超过消费者能接受的临界点，那么设计就惨遭不被埋单的失败，这也就是罗维在《MAYA状态》中提出的"极度先进，却可接受的状态"的现实原因。

实质上，"怀孕的别克"并不是一个孤例，它从某种程度上揭示了"市场与设计"共生关系的某种规律。这种规律未能在设计史中引起足够的重视，而这就是市场对于设计的需求是有所区分，企业为市场提供的设计价值也是有层次的。对于产品而言，不可否认设计创新包括：原理创新、原型创新、界面创新、信息创新；而对于设计创新程度而言，包括：极端挑战型创新、领先型创新、偏好型创新、改良型创新等多种层次的创新。而我们也不能不承认并非所有的企业都是需要最高级别的设计创新，也并非所有产品都可能实现最前沿的设计创新。从这个意义上说，各个不同的企业在不同层面上所作的设计创新都属正常的设计范围。

由此，不论是创新型企业还是跟随型企业的设计师，尽管设计创造的价值不同，但是通过设计分解企业风险却是共同的目标。澳珀的企业家朱小杰进行以设计为主导的发展决策，如果企业转向以设计领先为其发展目标时，企业家身兼设计师的身份会让他需要对面临的设计风险作出分析和决策管理。"万"企业的设计师们大部分工作仅仅是改良优秀品牌产品的样式，以减少企业设计创新带来的风险。设计师的工作职业对于企业而言，意味着生存或灭亡，而对于设计师而言，盲目设计带来的灾难同样是一种失职。

先进设计可能为企业占领先机市场获得成功，同样也可能让消费者产生抵制的心理从而导致失败，这对于企业和设计师而言都是巨大的风险。苹果公司的"丽莎"个人电脑正是设计超越市场与消费者而遭致失败的案例，设计创新只有与市场需求、消费者认知、企业条件相吻合，才能带来好的效益，反之则是毁灭性的结果。罗维在《MAYA 状态》中提到："对于每一个单独的产品（或是服务、商场、包装等）来说，看上去都存在着一个临界区域——消费者们追求新颖的愿望会到达一个我所谓的休克区域。在那一点上购买的强烈欲望会到达一个稳定水平，而在某些时候发展成为一种对购买的抵制。……就时式而言，设计师能走多远？这是决定一个产品成败的首要问题。对这个问题圆满的解决也就是要了解美国消费者的口味。"一旦产品超出消费者的期望，也就超出了消费者的风险感知，那么消费者将止步于购买。

另一方面，每个企业在一段时间内生产特定的产品，在该行业中也树立了该产品的标准和样式，当设计介入产品之后，许多标准都被改变了，这也让企业面临着许多"不确定性"因素，包括生产管理、设计创新、市场认知等。这种"不确定性"将让企业面临许多未知的结果，而设计师的职责就是要通过设计的行为过程为企业提供安全的设计，这个过程包括产品的设计决策和安全的设计程序。

每个企业家的决策犹如赌注，都会面临不同的风险境遇，而设计师作为决策行为的执行者，其职责在于分析每个过程中的风险所在，并将风险分担到每个环节中，成功的设计实质上就是成功化解风险的过程，也是与风险抗争的过程。

设计程序和产品品质的确立能为设计师提供设计的尺度。设计师并不是随心所欲地工作，设计师决策的偏移都将引发设计风险，而产品风险、设计程序中出现的不确定性都将构成设计师的风险环境。企业家的决策预示了风险的存在，但是设计师却能改变风险的发生和作用，承担的是分解风险的过程。

"索菲亚裁缝"[①] 是一个诞生于西班牙的家居内衣服饰的中国品牌，企业家和设计师均来自中国。"索菲亚裁缝"面临的是

---

① 文中有关该案例都来自作者的调研。在下文中会对其有详细的阐述。

中国设计师如何设计异国消费者的生活方式，设计的难度随着这种陌生性而增加。这种陌生性让"索菲亚裁缝"的设计师在每件服装的设计过程中必须要围绕使用者需求、产品审美、产品材料、生产成本控制等产品过程的环节考虑。每个程序除了互相联系的关系之外，还要时刻关注西班牙消费者的生活细节，这种对于每个设计环节的决策与合理的设计程序过程都将降低企业的设计风险。

由于经费问题，"索菲亚裁缝"早期请不起设计师，老板就自学服饰设计，亲自承担设计的工作以减少设计成本。在设计风格上，搜集欧洲家居内衣服饰的风格样式，在欧洲风的基础上加入东方的意蕴，让产品呈现独特的风格；此外，设计同时还要考虑生产成本、产品结构、工艺技术、企业管理等问题，通过这些环节上的明确定位，为品牌降低了进入新市场面临的风险。这个靠在西班牙"百元店"起家的中国品牌逐渐走入了西班牙的市场，此外，在西班牙、摩洛哥、葡萄牙、土耳其等国家都纷纷留下她的品牌。

然而，设计不是救世主，不是只要有设计的介入就能改变企业的风险的潜在可能。设计作为企业家决策的行为，是对行为中风险进行分析并将之分担的过程，合理的设计程序、保障品质的设计产品以及每个关键环节的决策点结合在一起构成了设计师化解设计风险的过程，成功设计师的每一步实质上都是在分解风险。

3.1.3 消费者——风险分担者

消费者是风险主体分析的另一端，严格而言，这种定义只是提供了一种分析的视角。因为归根结底消费者及消费者风险涉及的具体对象仍然是企业与设计。而化解这种风险的可能在于企业的设计决策；尽管消费者风险的思考范围并不能归于企业家或设计师，但是了解消费者的消费心理和决策，从另一角度为企业家和设计师的决策提供了有价值的参考。

熊彼特在《经济发展理论》中提出经济发展的主要动力是出现在工商业领域，而不是消费者对最终产品的需求领域，他认为消费者的新需求一般不会引起经济系统层面的创新出现，企业中的创新通常只是源于生产者行为的变化，消费者只是在必要时才受到这种变化的启发，产生新的需求。

由于熊彼特的创新理论基本集中于讨论企业的生产领域，所以对于需求的推动力量未给予足够的重视。虽然他也提出了需求是生产的目的，是一切生产的终点，生产的目的就是满足需求；但总体上而言，熊彼特认为消费者需求的自发性很小，通常可以忽略不计①。这种阐释在生产主导市场的年代或许可行，但是在当下以需求为导向的市场环境中显出了其局限性。

随着新技术革命的迅猛发展以及市场经济的成熟化，经济发展领域从之前以技术创新为中心扩展到服务创新为中心。如国内创新研究专家傅家骥认为，今天企业家的行为逻辑在于抓住市场的潜在盈利机会，以获取商业利益为目标，重新组织生产条件和要素，实现熊彼特提出的经济创新五要素，推出新的产品、新的生产（工艺）方法、开辟新的市场，获得新的原材料或半成品

---

① [美] 熊彼特. 经济发展理论 [M]. 孔伟艳，朱攀峰，娄季芳，译. 北京：北京出版社，2008：37.

供给来源或建立企业新的组织等等。在这里，商业利益被视为企业运营的基本目标，他的观点是将经济发展的重点放在企业之外，放于决定市场运转的商业逻辑之中。毫无疑问，作为刺激商业的主要推动者，消费者在商业运行中的决策趋势对于判断企业的设计风险同样重要。

企业家的设计决策是决定风险领域的关键，而设计师作为设计行为执行者，是风险的分析者和分担者，但是只有实现消费者的购买，企业家和设计师的风险才被彻底化解。消费者在面临购买选择的时候会进行购买风险分析，这些分析过程也决定了该产品能否被消费者所接受。消费者的购买行为成立则意味着分担了设计师的风险，消费者能否如企业家所愿完成购买行为，就决定了企业是否面临来自消费层面的风险。企业如果期望降低消费购买中的风险可能，就必须分析消费者在购买过程中对企业形成威胁的原因所在。

事实上，消费者的购买过程意味着一场"冒险之旅"。消费者购买的过程一般可以分为：需求、检索、分析、决策、购买等几个阶段。这些阶段分别对应着消费者对企业不同的信任程度，顾客拒绝购买或态度迟疑，那意味着顾客对企业的信任出现危机。只有当消费者心目中的消费风险降低到可以接受的程度，顾客才会放心地购买该产品。事实上，感知和分析消费心理，同样是企业用于掌握消费行为和实现平滑销售的一种手段。设计师从消费者的角度分析消费风险的形成原因，可以进行更为有效和有针对性的销售设计。

对消费者购买心理的分析可以包含产品风格、功能、品质、价格、个性等方面的考虑，设计师需要尽可能地降低消费者的心理障碍，通过设计来降低销售抵制心理的产生。

"索菲亚裁缝"的企业家、设计师、市场销售与管理者都是中国人，但是该企业的产品面对的消费者却是国外的消费者。初期，该企业瞄准国外中层消费者的市场，针对这些群体设计、生产和销售适合的家居服，为西方消费者提供产品。这对于文化背景、生活习惯、兴趣与西方存在很大不同的中国人来说具有很大的挑战性，而且新产品直接面对一个全新的设计、生产、管理、营销系统，对于该企业的企业家或是设计师而言，这种空白隐含着未知的市场风险。

"索菲亚裁缝"的产品主要是以西方国家消费者为目标群而进行生产的。西方人对于家居服的要求、喜好和使用与中国存在很大差异，即使在家中也要在不同场合更换家居服，如在厨房、客厅、卧室、邮箱处、遛狗场所、沙滩等不同的场合都要更换合适的家居服。这对于企业而言意味着丰富的产品细分市场，但是该类产品的开发对于身处不同生活背景的中国人而言是一个很不熟悉的领域。面对全新的消费者领域，这就需要企业对消费者的生活方式和购买需求进行详细的了解和调研。

"索菲亚裁缝"锁定中层消费者，对其在不同场合对于家居服的使用功能、喜好与需求进行详细的市场调研，并将这些消费者需求材料反馈回企业，企业开展以消费者需求为中心的设计与生产。根据不同场合的使用功能，相应的家居服都有不同的使用特点，如沙滩服的使用时间比起在家中使用的家居服要更短，有些甚至是一次性的，这也导致沙滩服的材料使用与家中的家居服是不同的；卧房与厨房的服装会根据不同的使用功能和场合限制，在设计、颜色、材料上都要进行区隔设计。除了产品的功能之外,"索菲亚裁缝"还根据消费者的购买心理、接受度进行调研,并调整产品的价格以适应中层消费者的购买心理,从而减少消费者购买过程中的风险发生。

"索菲亚裁缝"品牌是来自与西方生活背景存在很大差异的中国,但对于消费者使用喜好、购买心理的详细调查让"索菲亚裁缝"的产品很快占领以西班牙消费者为中心的中档消费市场,甚至超越西班牙的当地家居服饰。"索菲亚裁缝"围绕消费者而定位的产品设计及价位策略为其创造了巨大的市场利润。在发展中,"索菲亚裁缝"时刻从消费者的角度来定位、设计、生产,对消费者购买心理做了充分的考虑,也降低了企业产品生产和设计的盲目性,使来自中国的产品能迅速在国外家居服市场中占领重要位置,对于"索菲亚裁缝"来说,企业决策对消费者购买心理的预测,是其在短短时间内在陌生国度崛起的重要原因。

上个世纪三十年代,美国的商业消费设计实践中有很重要的两部分:有计划的废止制度的形成和消费工程学确立,让工业设计作为促销手段牢牢嵌入现代企业制度中[①]。而这两种制度正是建立在对样式设计和消费者意愿的研究中,极大地降低了设计带来的风险。1935年,罗维设计的"可德斯波特"牌电冰箱改变了之前冰箱纪念碑式的外观,白色珐琅质钢板外壳,让冰箱在整体感和流线感中呈现一种美感;同时,罗维对冰箱的内部使用结构进行精心的设计,这种设计正是本着从使用者的立场出发,考虑到使用者在冰箱中要存储不同类型的食物,罗维为冰箱设置了不同形状与大小的容器,让使用者在使用过程中更方便与有效。

---

① 周博. 行动的乌托邦——维克多·帕帕奈克与现代伦理问题. 2008:27.

"可德斯波特"牌电冰箱的出现，改变了之前冰箱市场销售低靡的历史。这款冰箱一经推出，年销售量从 1.5 万猛增到 27.5 万[①]，改变了电冰箱的销售记录，通过对消费者使用方式的调研与产品功能设计的结合，设计成为改变企业销售的重要推动力，也得以降低了盲目设计带来的风险。

消费者是产品的使用终端，消费者完成一次购买行为，意味着企业风险的一次分担，所以在消费者购买产品的考虑中，包含着企业的设计风险被化解和削弱的过程。这种为消费者所感知的企业信息、产品信息以及这种信息在消费者心理构成认知或拒绝的过程，被消费心理学称为"消费者感知风险"。

那么何为消费者感知风险的构成因素？消费者的感知风险与购买决策又是何种关系？这些问题对于企业在消费者层面降低风险，以及制订相应的市场策略和设计师采取相应的设计策略都有所帮助。

消费者感知风险是由心理学领域延伸而出的。该概念最先是由哈佛大学的鲍尔教授（Bauer）于 1960 年提出，他认为消费者任何的购买行为都可能由于无法确知其预期的结构是否正确而感到焦虑，而某些结果的出现则可能令消费者不愉快，即使这些结果对于消费者有效地使用产品并无确切的影响，但仍然会影响消费者的心绪从而导致降低消费心理认同水平。比如一件小包装袋装食品的开口，可能由于生产线上定位不准造成撕开不便，正常情况下有辅助工具可能不难解决，但在手边没有工具的情况下就会成为一种不愉快的障碍，这种障碍并非来自产品的核心功能，

---

① 何人可. 工业设计史 [M]. 北京：北京理工大学出版社，2000：132.

而是来自消费过程中的心理感受，因此它对于消费认同的杀伤力可能更甚。

所以，消费者购买决策①中实际隐含着对消费结果的担忧而导致的认同不确定性，一般情况下个别的认同障碍对于企业构不成风险，但是随着这种不确定性的数目及深度的叠加，它会汇结成风险的形式。因此，从防范消费者的感知风险出发，集中精力处理消费和营销过程中的风险，可以有效地降低企业风险程度及有害性。这种对于消费者心理感知行为的研究也会为企业创造机遇，所以正确地应对消费感知风险是设计风险研究中一个有意义的环节。

尽管设计师在产品设计的造型、颜色、图案等方面都会给产品以最具有创造性的表现，但是对于消费者来说这些设计也是影响其购买决策的因素，过于先进的设计或过于保守的设计都可能会让消费者望而却步。罗维在《MAYA状态》中提到的临界点，实质正是消费者接受产品的衡量标准，超过这个临界点会增强消费者的购买决心，但是一旦产品面貌所呈现的结果超出消费者"风险认同"的"指数"，消费者则将止步于收银台前。

由此，对消费者临界点的合理把握，正是打开消费者心扉的那把钥匙。这把钥匙也对应了企业家决策和设计师设计行为的冒险过程。

---

① [美] 菲利普·科特勒. 营销服务 [M]. 11版. 梅清豪，译. 上海：上海人民出版社，2005：217-228.

3.2 "设计市场动力学"——设计风险的象限

企业的运行从一开始就是一种市场博弈行为。要实现企业赢利的增长,就要在各种生产要素的投入和有效产出之间实现利益的扩大。生产要素的投入与产出是影响企业效益的基本构成,而成本收益则是企业利益的根本,企业在投入决策上必须盘算如何以最小的成本获得最大的收益,冒险的事企业不会去做,这就是风险问题在企业决策中的基本位置。

要实现生产要素的有效组合与效益的持续增长,生产要素的投入方式必须符合企业运作的利益目标与安全目标。设计创新与研发都应视为生产要素的组成部分,但是这部分要素有其特殊性,它实质上反映为设计由于创新成分与设计成分的投入,各种生产要素间的组合关系变得更趋合理与有利,因而对生产要素的投入产出会产生整体的积极推动及放大效应;而反之则亦然。不成功的创新与设计会使生产要素投入的功效受损甚至消失,造成对于企业利益的伤害。正由于此,企业对于创新与设计的复杂态度可谓爱恨交加。

设计在企业的市场运作中往往表现为一种具有高风险性的行为,这种风险包含的不仅仅是危害,也包括市场会由于这种风险性而给予回报。企业期望规避风险而求得回报,就必须采取正确的设计策略,由此形成企业在设计市场行为决策中的若干不同方式。认识这些方式的基本模式对于我们正确把握企业的设计决策将提供帮助。

在企业发展中,市场"风险"与市场"回报"是企业采取设计行为时的两大考量基轴。没有企业会拒绝没有市场风险的设计创新行为,也没有企业会采纳没有市场回报的设计创新行为。不论是选择以代工制造为主的企业,还是以设计创新为主导的企业,它们都只是在"风险"与"回报"的权衡中趋利避险,这种选择实质上会形成四种行为模式的象限。

在设计风险象限图中可以看到,决定企业设计创新市场行为的两大基轴"风险"与"回报"设为四种行为象限的两根坐标轴,由此形成"低风险低回报"、"低风险高回报"、"高风险低回报"与"高风险高回报"四种行为坐标模式。

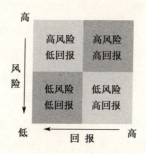

图3-11 设计市场动力学——设计风险象限

3.2.1 低风险,低回报

当企业不提倡任何设计创新政策、不采用任何设计创新方案时,企业处于最"安全"的生存状态。企业以低成本驱动,处于风险最低时期,不需要面临各种"不确定性"所带来的风险,企业的发展过程都处于保守和稳定状态,但是收益也将是处于低回报的状态。企业保持以不变应万变的姿态而运营,但是这种低水平的安全会随着周围市场竞争态势的变化或企业内部、产品本身的任何变化而形成低水平的危机应对能力，不但企业的利润空间会越来越小，企业也可能在一夜之间倾覆。

温州"万"企业的生产模式正揭示了低风险与低回报的关系。只要维持住客户的生产订单，管理好生产流水线和线上的工人，企业的利润相对也是稳定的。但是加工制造是处在郎咸平所说的6+1中的最低端环节，是最不产生附加值的部分，其他6个部分包括产品设计、原料采购、物流运输、订单处理、批发经营、终端零售，这些环节是创造高附加值的地方，但是并不被中国加工制造企业所控制。

江浙一带的中小企业大部分由家庭作坊发展而来，这类企业由于资金、技术及视野的限制，基本以当前的市场营利为作坊目标。只要能获得利益，哪怕是保持最低的利润，由于在这个阶段企业的各种投入很低，所以大部分企业不会主动采取设计创新的冒险方式。珠江三角洲地区的代工制造型企业只需要根据客户的订单来生产制造，其利润是通过低成本和产品的批量生产来获得，只要保持一定的业务，管理好生产线，企业不需要面对变化的市场风险。所以，在这个阶段，企业以保守的方式寻求生存，以低风险的做法获得低回报。

由于中小企业的发展初期受到资金、技术、市场等限制，低风险低回报的策略是大多数企业愿意选择的模式。但是看似最安全的关系在现代市场中已经变得不那么安全，"美泰事件"、"合俊集团"事件都说明处在最低端环节的企业，如果一直成为其他品牌的附属工厂的话，必将会遭遇更大的危险。

3.2.2 低风险，高回报

"一台本来卖 3 000 元的彩电，换上有设计感的外壳，可以卖到 4 000 元。当产品技术日益进入成熟的阶段，外观的差异性越能起到作用，工业设计赋予产品的增值效果也更明显。"广州毅昌公司通过工业设计带来的高收益让其多年来成为彩电外观行业中的冠军。毅昌企业从早期为企业做设计的公司到拥有自己的生产流水线，这种逐渐转型的成长轨迹实质上正是规避高风险，通过设计来创造高回报的模式。

很显然，低风险高回报模式是所有企业都希望形成的一种格局，这种模式看似以不太大的风险代价换取企业在发展过程中的主动权、发展权以及规避风险的掌控权，以此迅速获得最大的市场收益。但事实上，并非所有企业都能坐享这种模式带来的好处。在这个象限中，企业需要在技术和管理方面不断加强，需要在设计创新中作出正确的判断与选择；这种模式的企业回报是建立在优化管理和有效的设计创新的基础之上。企业通过积极的管理技术降低创新风险，通过有效资源的投入得到高效的回报，即使需要面对设计研发、市场营销过程中的"不确定性"以及随之而来的风险，但仍然能够采取相应措施而换回高回报。

从广州毅昌公司的发展中可以看到设计创新模式产生的效益。毅昌公司作为以工业设计带动代工制造产业的企业，其设计的风险性在于企业决策者对于市场产品走向的判断、最新生产技术的控制以及低成本生产材料的掌控。由于企业家有着良好的视野及管理技术，所有这些风险都能够在企业所能掌控的范围内获得化解，因此形成在低成本中实现高回报的生产格局。这种局面显然是企业都愿意形成的，但是其前提是是否具有核心竞争力，如果不能形成核心竞争力，那么"低风险高回报"的结构设计只能是一种企业空想。

广州毅昌以工业设计为主导的发展模式，并不是孤立工业设计，而是将工业设计看成一条生产链中的一个核心环节，其中设计研发为主导，包括结构开发、创新工艺、模具设计、模型制作、一体化装配等，在这个完整的产业链中生产的产品是具备高设计与高品质的综合体。此外，广州毅昌将新产品的开发从八个月缩短到一个月，大大提高了企业的生产能力。工业设计能为企业带来高价值，但是这个高价值的基础是建立在企业成熟的生产、技术、管理等基础之上。所以，广州毅昌的综合实力为工业设计提供了良好的土壤环境，能让工业设计发挥得价值淋漓尽致。建立在企业综合实力上的工业设计，是低风险与高回报模式的体现。

3.2.3 高风险，低回报

这是一个最不合理的生存状态区，也是一个极具刺激和风险的区域。这个象限是所有企业都力图回避的，但是并非所有的企业都能将风险准确地把握，因此最大的危险是身在风险而不知情。没有企业愿意身陷这种危难，重要的问题则是企业及时获得关于风险的信息，从而找到化解风险的方法，走上正常的发展道路。

苹果公司的"丽莎"个人电脑由于过高估计苹果公司的承载能力与美国消费者在技术和价格上的接受能力，导致苹果企业遭遇了不被市场待见的境遇，这条高风险的道路甚至可能将企业拉入毁灭的深渊。这种将设计创新建立在不正确评估市场与企业的基础之上的行为，所带来的回报必定是让人失望的。

如果企业盲目采取面临极大风险的行为，却得不到应有的回报，其原因在于企业未能正确认识到自身所能承受风险的能力和极限所在，或者企业对于风险没有进行前期的分析而采取了与企业不相符的决策和行为，这种盲目性也将导致企业陷入高风险与低回报的尴尬局面中。

值得提醒的是，由于设计的过度投入或过度领先都可能形成"高风险低回报"的险局。设计的输入能给企业产品带来创新，但是自主设计需要适当的环境与引导机制才能发挥出设计的创造性，缺乏对于风险的掌控与应对经验，不适当的设计创新行为可能正是最终带来破坏性的原因，这样的设计决策是不明智的，也是应当避免的。

3.2.4 高风险，高回报

2010年是澳珀企业丰收的一年。在德国科隆家具展、新加坡展览、上海家具展、广州家具展上都留下澳珀的身影，这些展览也为澳珀企业赢得了市场回馈和企业效益。从一夜之间关闭所有的专卖店，到自主设计创新的发展阶段，企业的姿态是在与澳珀企业的过去、中国的代工与制造企业宣战，要以新的产品面貌呈现在家具市场。企业的决策意味着要面临新产品、新市场、新消费者、新生产技术等一系列不确定的因素，这种决策是建立在高意志的基础之上，因为在这种决策下，企业面临的不是生存就是死亡。

在这个象限中，风险与回报形成正比的关系。设计创新的风险程度越高,设计可能带来的回报也越大。设计创新的介入,企业面对的不仅仅是代工制造中简单的来样加工和订单生产,更需要面对产品设计、产品质量、品牌设计、消费者等众多"不确定性"因素,这些因素都将造成设计风险的产生。但在强有力的设计能力推动下,所有的高风险因素也会转成其他企业所不具备的成功因素,转为企业创造高回报利益的重要条件。

"不确定性"因素在一定的条件下将会转化为企业的高回报所在,这是由于设计本身的创造性所致。在这个象限内,设计创新有可能形成真正刺激市场的发展动力,填补市场的产品空白,填补消费者的消费需求,但是最关键的是企业能否拥有这样强力的设计优势。

对于大多数企业而言,高风险高回报的格局是一种可望而不可及的局面,一般情况下,大部分企业都会有意回避出现高风险,但是对于有市场挑战意志的企业而言,高风险高回报恰好是一种体现企业实力的最佳方式。如何打造这样的企业实力,则是设计风险所要面对的核心命题。

在这四个象限中都能找到每个企业决策的定位。市场"风险"与市场"回报"的博弈决定了每个企业决策的考量标准。但是,市场中的设计风险来自未来市场的"不确定性",这些"不确定性"包括利率、汇率、股票和商品价格等等,对企业的发展决策会产生影响。市场中的设计风险可通过企业的合作伙伴、消费者、竞争对手的设计行为等对以利益为目标的企业决策产生很大影响。

通过导入设计创新改变企业发展的速度,这个道理已逐渐被许多国际企业所认识。但是在我国,改革开放之后,市场的概念才开始引起重视，企业从依靠国家分配的计划经济体制进入市场经济，如何在市场中通过设计创新实现企业价值成为企业最大的难题。其中，权衡风险与回报的比率又是设计市场动力学需要解决的首要问题，每个企业实质上都是在寻找一个发展的平衡点，不论是代工为驱动的制造型企业，还是以设计为主导的创新型企业，最终都在这张坐标轴上寻找罗维提出的"MAYA 状态"中的平衡点。

3.3 "MAYA 状态"——寻找风险与回报的平衡点

1951 年，首位登上 TIME 杂志封面的美国著名设计师雷蒙特·罗维在发表的 MAYA principle[①] 提出了"MAYA 状态"，这种状态也被用来解释先进设计与市场风险的关系。他在文章中明确宣称："我们得承认，任何先进设计对制造商来说都意味着一定风险。"对于罗维而言，先进设计意味着一种他称之为"MAYA 状态"的"极为先进，但可接受"状态。在研究理想的设计如何达到的市场目标时，他发现了一系列值得设计师认真面对的陷阱或沼泽，这就是设计将面对的风险。造成风险的原因既可能来自不同的地区、条件、气候、个性等因素，也可能来自消费者的认同程度。因此文章主要提出一种让消费者都接受同时又能保持极为优秀的"MAYA 状态"这一概念。其中，罗维还就如何面

---

① Raymond Loewy. Never Leave Well Enough Alone [M]. Baltimore: The Johns Hopkins University Press. 2002.

对先进设计所承担的风险,为工业设计师提供一些可资借鉴的经验和法则,他将之称为"有备之险"。符合"有备之险"的先进设计并非唯我独尊,而是应尽可能考虑设计的使用、环境和消费者等多种元素,这样才可能真正降低风险,实现先进设计。

作为工业设计师的罗维所谈的经验虽然并不系统,但他已经将设计问题与可能出现的市场风险作了极为现实的链接,这也是上世纪五十年代设计思维超越包豪斯的理性主义设计思想的务实之处,同时也是成功之处。萌生于三十年代美国的商业主义设计正是由于滋生了如罗维这样的务实思考,才获得美国商业设计市场的巨大成功,罗维提供的经验值得参考。

由此可见,"设计市场动力学"的基本构想,实质上是"风险"与"回报"的权衡关系。设置企业设计行为的四个象限,以"回报"与"风险"为基准的企业设计创新行为模式,通过这种模式,只要找到属于企业的"MAYA状态",实质上也找到了企业决策与设计行为之间的平衡关系。

4 "恰当性"控制：创新系统中的设计风险管理

> 这是最好的时代，这是最糟的时代；
> 这是理性的时代，这是迷茫的时代；
> 这是信仰的时代，这是疑惑的时代；
> 这是希望之春，这是失望之冬；
> 人们面前拥有一切，人们面前一无所有；
> 人们由此步入天堂，人们由此坠入地狱。

英国批判现实主义作家查理·狄更斯在《双城记》的开篇写下这样一段描述社会变革的诗句。这段精彩的诗词描述了社会转型时所表现的矛盾性，"社会原有的价值体系被打破，而新的价值观念尚未成形；另一方面，原有的组织和个人的既得利益要失去，又有更多的人从这种社会变革中受益"。[①]

比尔·盖茨则宣称："20世纪八十年代我愿意作为一个庸才

[①] 陈立旭. 从传统到现代——浙江模式的文化社会学阐释 [M]. 北京：中国社会科学出版社，2007：418.

生在美国，而现在我一定选择作为一个天才出生在中国"。[①] 可想而知，20世纪八十年代的中国面临着多大的变革和挑战，当下中国正经历着一个变革的时代，经历30多年改革开放的飞速发展，中国企业的成长过程是一个从被动学习到自主创新的过程，当然，这中间包含着不同的发展阶段。

在这30年的成长过程中，国内企业的技术、管理、结构、类型都发生了很大变化。单件生产的个人手工业者向小量生产的家庭式作坊、大批量生产的工厂到品牌企业的转变，这是企业发展从初级走向成熟的一种规律。这既是企业从最初的学习先进生产技术、管理经验到实现企业自主创新的过程，也是企业自我意识树立和结构调整、走向自主创新的过程。但是，虽然我们把设计创新看作是企业发展的一种策略，但是设计创新并不尽然能带给企业商业成功和持续性的发展潜力，设计创新的同时意味着风险的发生，设计创新系统中的风险管理不仅是导向设计创新价值的完整发挥，而且也是直接指向企业发展控制的一种新思维和管理策略。以中国中小企业发展状态为样本，通过企业在进行设计创新时面临的设计风险进行全面考察，对于如何为企业提供应对设计风险的方案具有很大的价值。

4.1 设计创新策略的风险分析：从学习到原创

当下，创新已经成为企业获得市场地位的重要法宝，许多企

---

① 转引自曾鸣，彼得·威廉姆斯. 龙行天下 [M]. 北京：机械工业出版社，2008：10.

业通过创新获得新的市场和价值，对于众多企业而言，设计创新策略的实施通常被描述成一种有效的实现企业转型、升级的工具。有效的设计创新策略不但能够帮助企业快速实现扭亏为盈，甚至可能实现产品品质、企业形象、品牌竞争力的综合升级，类似的成功案例已经非常之多。由此，设计创新策略对于企业的价值也被不断地认知和放大，只要进行创新行为必然能为企业带来发展、升级与转型，这种认知从企业行为和意识中也被提升到国家认知的层面。近几年，中央政府提出的各种计划中都把创新提到非常重要的位置。当然，我们并不怀疑创新的作用和价值，但是，我们必须考察的是创新策略并不总是代表积极的结果，创新价值的实现需要依托具体条件的合理化；创新并不等同于高回报，甚至，对于某些企业而言，创新本身可能就意味着巨大的风险。

事实上，企业家对于设计创新策略作用和价值的认同远远大于对它所包含的风险性的把握。这来源于设计创新本身所具备的一种先验的认同感，人们对它的认同源自对于它所描述的一种美好的未来，及从同行企业中得到的先验性的成功神话，而设计风险在这个显性未来的光环之下被隐藏起来。因此，一个具有风险意识的企业家，会从更加全面的角度来对待创新，从不同角度评价企业当下状态、创新状态、风险状态三者之间的关系。无论一个企业是处在学习型、模仿型、还是原创型阶段，设计创新的实施和设计风险的控制都同样重要。

4.1.1 心理机制分析：学习心理与创造心理

关于创新与风险

彼得·德鲁克指出，21世纪，企业唯一重要的事情就是

"创新"。"创新"已经成为全球性的议题。从世界企业发展史来看，创新是推动企业发展很重要的因素，福特汽车自动化流水线的产生、苹果公司的产品设计创新都促使企业迅速成长为行业中的领先者，各个企业在创新中获得动力和市场，而人们对于创新的关注大部分集中在创新促进企业经济发展的价值层面。英国设计师保罗·史密斯曾说过，"在一个竞争性增长的世界里，工业化国家进入几乎用同样的原材料生产同一类产品的阶段，设计便成为了决定的因素"。在同样生产条件的基础上，企业要获得成长必然要提升自身在产业链中的角色，这是在未来市场中企业发展的关键部分。熊彼特提出的"创新"理论是通过不同的生产要素与生产条件的组合来达到经济的变化，在这个变化中产生的"不确定性"也正是利润的来源，所以创新所带来的变化将直接与利润联系在一起。

1996年，在欧共体创新调查（Community Innovation Survey）提交的一份新产品销售份额对于企业创新绩效影响的报告中，我们看到：

1994—1996年的3年间，欧洲企业制造业部门销售额的31%来自新产品和改进产品，其中大约有7%的销售额来自对于市场而言全新的产品。

在新产品销售额中，大型企业所占比例最高，因为在制造业部门的全部销售额中大型企业的销售额大约占70%，由此可见，大型企业在很大程度上影响全部制造业销售额中新产品的比重。在中小企业中，15%的销售额由新产品和改进产品创造。

这份报告说明几个问题：一，新产品和改进产品对于企业取得商业成功具有关键的作用，原创产品与创新型产品为企业赢得市场份额起到重要作用；二，大型企业具备更强的新产品盈利能力，这是由于大型企业的创新具备更加系统、有效的整合执行策略，而且大型企业拥有庞大的平衡系统，这使得大型企业在创新中能成倍的增加抵御风险的能力，能在一定范围内控制创新带来的风险；三，对于中小企业而言，创新并不是带动企业发展和维持高利益的核心要素，更多情况下，由于它们大多数对于创新的控制能力和抵御风险系数是成反比的，因此，当创新执行度低，执行力弱时，风险也就相应的变得高起来。由此，对于中小企业而言，创新策略实施相对较少也是保持一种良性的企业发展态势，控制创新与风险平衡是其很重要的原因。

关于创新的理解中，英国经济学家克里斯托夫·弗里曼（Christophe Freeman）从经济学的角度研究创新，他认为"技术创新是一技术的、工艺的和商业化的全过程，其导致新产品的市场实现核心技术工艺与装备的商业化应用。"[①] 1982年，他又明确指出，技术创新就是指新产品、新过程、新系统核心服务的首次商业型转化[②]。2004年美国国家竞争力委员会向政府提交的《创新美国》计划中提出："创新是把感悟和技术转化为能够创造新的市值、驱动经济增长和提高生活标准的新的产品、新的过程与方法和新的服务。"[③] 这些有关创新的理解都从创新的目标、执行、实现的可能性角度来讲述，却从没有对隐藏在创新背后的风险给予相关的说明，这种论述似乎并不那么尽善尽美。

---

① 1973年发表的《工业创新中的成功与失败案例》。
② 1982年发表的《工业创新经济学》修订本。
③ 葛霆. 要准确理解"创新"的概念及其本质//中国科学院院刊，2005年，第20卷第6期.

实质上，即使是在抵御风险能力较强的大型企业中进行的创新行为，也未必意味着成功。1956年美国贝尔实验室率先发明了可视电话的原型，并在1964年的世界博览会上首次推出了可视电话。贝尔期望这款具有新功能的产品能走进千家万户，为企业带来巨大商业价值。但是他的设想并没有实现。如果仅仅从产品设计创新的角度来分析这个可视电话，它吻合了一切优秀设计的标准，企业在技术创新层面而言带来了一个新产品，但是它的市场反响却证明了这是一个失败的产品，这也是贝尔实验室的设计师和技术工程师不能理解失败的原因。

图 4-1　贝尔的可视电话

确实，对于市场而言这款贝尔电话是全新的产品，其外观、功能、技术等方面都比市场上已有的商品显得更加优越，一切都显得非常完美。但是，风险仍然产生了，如果仅仅把设计创新定位在技术和产品之间，实质上并不能解决和控制所有可能产生风险的因素。对用户心理需求的忽视成为这个可视电话失败的最大风险。在那个时代，人们并不习惯和喜欢可视电话使用过程中通话双方的可视性，他们不希望在通话过程中，自己被对方盯着看；此外，屏幕过小也使观看效果并不好。所以，对于创新的价值认识和创新策略的制定，是需要从长计议的，这种设计创新已经远远超越了市场和消费者的心理接受度。

对于中国中小企业而言，设计创新策略的发展和对风险的控制一直有着一种根植于中国式商业规律的特点。创新对于他们而言，不仅仅是一种策略实施，而且是一种从学习到创造的心理机制系统的发展过程。在成熟的市场和技术含量不高的行业中，设计创新成为竞争的重要法宝，在经历 OEM 时期之后，自主设计成为企业创新发展的核心手段。由于设计创新和设计风险之间存在一种必然性的互动关系，因此，关于设计创新的实施需要进行系统性评价，这种评价能够引向对于设计风险的控制能力的评估。在针对中国中小企业创新样本的调查中，从学习到创造的企业发展思路中，内含了一种吻合中国企业发展规律的风险的"恰当性"控制系统。

"学习"心理的风险认识

"学习"作为企业发展的一种策略，虽然创新度低，但风险系数也小，对于企业初始阶段的生存性发展而言，这是一种较有利的策略。"学习"作为创新心理机制的一种类型，集中体现了企业家对于市场控制和风险平衡的能力，即使从中国人的文化心理角度来看，"学习"心理也常常表现为个人把握外部世界的一种方法，同时也是一种态度的反映。

以西方作为"学习"对象，是中国企业，特别是中国制造业发展的一种基本方式,这实际上和整个中国现代化策略具有某些一致性。1919年鲁迅观察到这一时期的中国社会:"中国社会上的状态,简直是将几十世纪缩在一时:自油松片以至电灯,自独轮车以至飞机,自镖枪以至机关枪,自不许'妄谈法理'以至护法,自'食肉寝皮'的吃人思想以至人道主义,自迎尸释蛇以至美育代宗教,都摩肩挨背的存在。"鲁迅在《随感录》中所描绘的中国状态正是处于中西文化碰撞的时期,除了这个时代的学习经历外,中国向西方学习的传统古来有之。清朝之前,西方国家派大使飘洋过海来中国取经,而当时的中国被称为天朝上国。鸦片战争之后,崛起的欧洲列强将清政府打得一败涂地,这导致许多中国人开始寻求御侮之道。林则徐开始了"师夷长技"的过程,魏源在《海国图志》中提出了"师夷长技以制夷"的救国主张,而洋务运动拉开了中西文化和科技交流学习的序幕。不论是持续了103天的戊戌变法还是以孙中山为首的民主革命,都是在对中国的发展道路与西方工业国家的发展比较中进行抉择。然而,这个艰难的发展过程也正是我们作为一个工业落后国家对先进国家的学习过程。

中国学习西方经历了从"仿器物"到"仿制度"的过程,学习的内容囊括政治、经济、文化、科技等。这个学习过程也是工业落后国家对先进国家的学习过程,学习的行为是对于以往经验的借鉴与使用。由于各企业间的差距,使得后发企业向率先研发企业学习时能得以快速地成长,对于基础薄弱的国内中小企业而言,学习是其不可缺少的一部分。

改革开放以来,国内企业面对的现实是如何在工业基础薄弱的情况下快速缩短与西方发达国家之间的差距。国内原国有大型企业研发力量青黄不接、中小企业主要依赖国外市场来获得生存资本、国内自主品牌面对国际接轨时存在的差距，使得中国企业对发达企业的学习是不可跨越的阶段。

2009年，澳珀企业聘请一位德国质量专家入驻企业，为企业引入一套先进的家具质量管理技术，提高企业的生产技术和家具质量品质，这也意味着企业生产管理与产品品质将走向一个新的层次，这也大大缩短与世界家具企业的生产技术与品质管理水平的差距；"万"企业在十多年的发展过程中引入了多条国外先进生产线，并聘请专家来教授如何使用机器和管理生产，使企业大大提高了生产效率和管理水平等。向先进企业的学习让处于后发的企业能在短时间快速获得技术、经济、生产、管理的进步。但是，处于不同发展阶段的企业都将根据企业自身的情况采取不同形式的学习行为，通过吸收成功企业的经验得以快速压缩企业的成长过程，学习成为后发企业普遍采取的行为方式，成长于中国情境下的中小企业也将学习作为平衡设计创新与设计风险的一种手段。

"学习"心理内在地包含了一种企业对于风险进行回避的考虑，特别是对于初级阶段的企业而言，"学习"心理可以以较小的成本和较低的风险承担快速实现市场的进入，但是这种心理机制自身也存在重要缺陷，表现在以下几个方面：一，"学习"心理驱动下的企业发展思路会产生一种"创新的惰性"，这会成为企业可持续发展和升级发展的障碍，由于尝到"学习"带来高效率的甜头，这种让企业快速成长的"捷径"，使企业逐渐变得懒惰，一味借鉴别人的优秀经验，而丧失自主的创造精神；二，在传统商业系统下，通过"跟随"和"学习"的方式进入市场，能够具有较好的可行性、可控性和有效性,但是在当代商业系统环境中,在市场饱和、品牌营销策略和整合传播策略发展成熟的市场机制下,"学习"的心理机制使得企业在初始阶段就缺乏一定的竞争力;三,"学习"心理容易导致单纯性的模仿,这会带来产品竞争力、知识产权和行业认同等多方面的风险。"学习"的必要、"学习"内容、"学习"阶段的转换,这些都是企业在"学习"期间需要思考的,在某些时刻,要实现由别人帮助的"学习"向自主"创造"的转变。

创造心理的风险认识

"创造"对于企业而言,能带来高收益,但同时意味着高风险。对于初级阶段的企业而言,"学习"是一种以生存为前提的回避风险的发展策略;"创造"作为心理机制的最高阶类型,则是一种以创新为中心的发展策略,对于初级阶段企业而言未必合适。

企业在不同发展阶段会呈现出不同的心理特征,如果说,对于初级阶段的企业而言,生存心理是一种支配性的企业心理,那么,一流企业发展心理的典型特征常常表现为一种创造心理,这种创造心理支配着企业对于设计创新的普遍性认同。因此,不存在"是否应该要做设计?""设计能够给我直接带来什么?""能够少给设计费?""设计能够干什么?"等等这些存在于初级、中间发展阶段企业对于设计创新产生认同的障碍性问题,而需要回答的是"进行怎样的设计创新?""通过设计创新为企业创造什么样的未来?"等。从苹果和谷歌的企业发展中,其心理内在含有的一种创造心理,他们的企业文化理念强调每个员工对公司的认同,同时也是对于创造的认同。

但我们必须提出的是，创造心理虽然建立起企业对于创新价值的天然性认同，对于创造心理中的风险认识仍然需要认真把握，在创造心理的机制引导下的创新行为并不意味着完全的商业成功。创造心理是对风险发起挑战，以高投入的成本和较高的风险系数最快的获得市场利益，创造心理的目标往往在高收益的成果，盲目或过度的创新都将蒙蔽对风险的认识。由此，我们要认识到创造心理机制实质上是主动应对风险的策略，创造过程也是创新与风险之间展开博弈。但是，企业创造心理的存在也导致一些问题，如创造心理引导的不成熟、不合理的创新行为让企业随时面对高风险，创新行为中的高投入一旦得不到相应的回报，那么将使企业陷入困境；创新心理驱动下的创新行为能为企业带来市场先机，但是也无法避免竞争对手对其模仿和抄袭，使得创新企业的效益遭受损失。

对于从学习心理到创新心理的一种心理机制的考察，目的是解释企业在面临不同发展阶段时，会内在的产生一种企业心理，这种企业心理对于企业行为的发生和展开具有重要的引导性作用。因此，对于这种心理机制的把握从企业心理层面上阐释了风险存在的内在性和必然性，同时提出关于风险的应对性思考必须对于企业心理的阶段和状态进行把握。

4.1.2 模仿中的创造：后发企业创新的一种通用策略

毫无疑问，模仿是中国企业目前面临的一个严峻问题，模仿虽然带来了较好的利润和企业生存状态，同时也把企业带入升级发展的风险之中。虽然，模仿被看作是一个具有较低风险的市场进入策略，但是，我们必须提出的是，这个策略只针对于企业的初期阶段的使用，并且具有一定的时限要求。因为，持续的"模仿"策略本身对于企业的升级发展而言是一种更大的风险，并且这种风险的排除要比单个产品的商业成功面临的风险更加关键和困难。市场会对企业的"模仿"产生一种评价，持久"模仿"会带来一种牢固的行业判断和基于知识产权层面的风险承担。这种行业判断会把缺乏创新性、模仿、低设计能力等标准叠加到企业的市场和消费者认同上，这也是目前中国长三角、珠三角地区中小企业转型面临的最大问题，一种新的行业、市场和消费者的认同建立将变得非常艰难。因此，"模仿"是一把双刃剑，它既是企业进入市场的重要策略，也是企业升级的障碍。

从社会学的角度来看，模仿是人类最基本的社会行为。相比较创新而言，模仿则是一种采用间接学习的过程来获得经验，对于模仿的深层次探讨，也将为分析中国中小企业的发展过程及如何从模仿向创造演变提供了一个解读的视角。法国社会学创始人之一加布里埃尔·塔尔德①（Gabriel Tarde）的社会学理论核心是"社会模仿说"，他认为每种人的行为都在重复某种东西，实质就是一种模仿行为；社会规律就是在解释支配约束模仿的规律，而社会的活动实质也是人的心理活动的联系。这样就将社会

---

① 加布里埃尔·塔尔德，对19世纪末到20世纪的欧美哲学、社会学、人类学、心理学等社会科学产生了广泛的影响，在社会学、社会心理学、刑事犯罪学、统计学等方面均有杰出的成就。他多年来一直为《哲学评论》撰文讲述模仿的规律。他期望他指出的是人类纯社会的现象，希望提出关于模仿的基本原理是适用于社会的一切。在《模仿律》一书中，他从社会普遍的重复性、从历史学、统计学中寻找模仿的行为规律，并提出了逻辑模仿律。在模仿律中，塔尔德阐释了发明被模仿的自然原因和社会原因，以及社会原因中的逻辑的原因和超逻辑的影响。塔尔德认为被模仿的东西是信念或欲望，并举出模仿的不同特征。

学回归到心理联系中去。塔尔德归纳出了模仿的三条定律：一是下降律，即下层群体有模仿上层群体的倾向；二是几何律，即无其他因素干扰的情况下，模仿以几何级数的速度增长；三是先内后外律，模仿者对本土文化及其行为方式的模仿一般优先于外域文化及其行为方式。塔尔德的三条定律尽管是从不同的角度谈模仿，但三者都是建立在不同企业间的学习行为之上，这也说明了模仿产生在两个处于不同发展阶段的企业之间，通过模仿行为从而减少两者间的差距。

日本九州产业大学艺术学部设计学科教授网本义弘在1993年9月出版的《发想工学》中谈到"发想"这个词，这个词也可解释为创意、创造。相比较美国人和英国人而言的创造性，日本社会的创造性是存在缺陷的。而网本义弘在书中用了"1.5手创造"这个词来概括日本的创造过程，即介于创造与模仿之间的一种模式。网本义弘认为创造是从零开始，所以创造性与独创性都是针对神的造物而言；在信息化高度发达的时代，"发想"比创造性更符合时代潮流。网本义弘认为任何创造都是从模仿开始的，而这与塔尔德所提出的创新即模仿是不谋而合的。网本义弘对"创造"的认识也解释了日本在二战之后，从一个千疮百孔的战败国通过模仿快速赶超发达国家的现实。

在日本社会的发展过程中，模仿创造作为很重要的赶超策略，是日本社会进步的很大原因。日本所采取的模仿创造是在模仿后创造的方式，这是通过对率先企业的技术、产品、管理等实行模仿之后，再根据自身的实际需求进行创造，改造完的成果往往超过原来的技术水平，进而形成一种新的模式。但是这种方式需要企业在对率先企业的技术充分掌握的前提下,进行改进与革新,从而获得更大的市场竞争力。

此外,还存在另一种模仿创造的形式,即完全模仿创新。由于技术创新会存在一定时间的市场间隔,而后发企业通过对率先企业产品的模仿从而获得一定的市场空间,采用完全模仿的方式是企业创造的开始,在此基础上也带动了企业的创造活动。国内大多数中小企业基本采用完全模仿创新的方式来获得成长的基础,这也是企业转变很重要的一个条件。

模仿并不是原样的照搬照学,而是一种吸取经验与探索自身发展的过程,但是对于模仿的范本选择上存在不同的选择规则。由于两个主体之间的差异性,使得模仿行为必然选取符合自身需要的范本作为模仿对象。产品的选择对于模仿创新型企业而言是关键所在,产品的生命周期可以作为选择模仿的一个标准。模仿的最佳时机应当在产品的成长期,这个时期市场需求开始变大,企业技术趋向成熟,而市场容量也在扩大,同时产品的功能、技术等因素仍存在很大的进步空间,选择这个时期的产品作为模仿的对象是一种成长型的状态。在产品周期的成熟期,由于外在环境和技术的不断变化,市场容量变小,而技术、功能的进步空间趋向减少,这是模仿创新很不合适的时期;当然,模仿之后未必一直维持在原样仿造的层面,在一定的时期企业要针对自身的状态调整发展方向,在模仿的基础上根据企业的技术能力、经济能力、市场需求、产品功能等进行适当的创新,这个模仿创新的过程也将模仿行为扩展到模仿创造的层面上。

事实上,一种既可以帮助企业以最低风险进入市场,同时又协调企业升级的风险系数的策略作为后发企业创新的一种优势策略,即"模仿中的创造",这几乎成为后发企业创新使用的一种通用策略。美国经济史学家亚历山大·格申克龙(Alexander Gerchenkron)对19世纪的德国、意大利等欧洲较为落后的国家工业化进行了分析,并于1962年创立了后发优势理论。由于国家发展的程度不同,这就产生了"一个工业化时期经济相对落后的国家,其工业化进程和特征在许多方面表现出与先进国家(如美国)显著不同"。[①]发达国家工业发展成熟,必然成为工业能力较弱的发展中国家模仿和学习的对象;而后发国家也由于本身的特殊条件而存在后发的优势,许多学者对于后发优势给予肯定的态度和分析。格申克龙的后发优势理论中提出四个层次,包括由于缺乏工业化的前提,后发国家根据自身的条件用替代性的资源找到不同于先进国家的发展方式;引进先进技术、设备和资源从而减少科研时间和代价;通过学习和借鉴先进国家的成功经验,后发国家采取赶超战略,在较短的时间内进入工业化时期;在第四个层次中格申克龙用国民的情绪来说明后发优势,他认为由于相对落后的状态,会激起国民强烈的工业化愿望,而这也是国家发展的很大精神动力来源。格申克龙通过四个层次来解释后发优势,也就是人们通常所说的"落后得益"、"落后的优势"、"落后的有利性"。

[①] 美国经济史学家亚历山大·格申克龙于1962年创立了后发优势理论。他把这些差异归纳为八个对比类型:(1)本地型或者引进型;(2)被迫型或者自主型;(3)生产资料中心型或者消费资料中心型;(4)通货膨胀型或者通货稳定型;(5)数量变化型或者结构变化型;(6)连续型或者非连续型;(7)农业发展型或者农业停止型;(8)经济动机型或者政治动机型。在这八个对比类型中,每一项对比类型相互之间的组合形态是由各国的落后程度来决定的。

美国社会学家 M. 列维从现代化的角度来解释后发优势[①]，从现代化的认识、国家发展的计划、技术、设备、资源、技术的跳跃性、前景预测、先发国家帮助等方面对后发优势进行阐释。由于后发优势的存在，这也使得后发企业在学习的过程中要不断追赶率先企业。

1986 年，阿伯拉莫维茨（Abramoitz）又提出了"追赶假说"（Catching-up），即不论是以劳动生产率还是以单位资本收入衡量，一国经济发展的初始水平与其经济增长速度都是呈反向关系的。这一假说则是在两个限制性的因素下才能成立，只有存在技术因素与社会能力的差异下才能形成追赶。1993 年，伯利兹（Brezis）、保罗·克鲁格曼（Paul Krugman）等提出了基于后发优势的技术发展的"蛙跳"（Leap-flogging）模型。他们提出：在技术发展到一定程度，后发国具有一定的技术创新能力时，后发国可跨越某个阶段直接采用技术或产品生命周期成熟前的某个阶段，直接赶超先进国家[②]。1996 年，范艾肯（R. Van Elkan）在开放经济条件下建立了技术转移模仿和创新的一般均衡模型。以上这些有关后发优势的理论都说明了一个问题，就是后发企业

[①] 美国社会学家 M. 列维后发优势理论：(1) 后发国对现代化的认识要比先发国在自己开始现代化时对现代化认识丰富得多；(2) 后发者可以大量采用和借鉴先发国成熟的计划、技术、设备以及与其相适应的组织结构；(3) 后发国家可以跳越先发国家的一些必经发展阶段，特别是在技术方面；(4) 由于先发国家的发展水平已达到较高阶段，可使后发国家对自己现代化前景有一定的预测；(5) 先发国家可以在资本和技术上对后发国提供帮助。

[②] Brizis, E. S., P. R. Krugman, D. Tsiddon. Leap-frogging in international Comprtition: a theory of cycles in national technological leadership. American Economic Review, 1993, Vol. 83, pp. 1 211−1 219.

对先发企业的追赶是建立在对其经验的学习与借鉴基础之上。

后发优势是一种有别于先发企业的优势，这是由学习而带动的发展模式，它的优势可从以下几个方面体现：首先，后发企业能冷静观察先发企业在技术创新上的成果，并选取其中有利自身发展的技术作为模仿对象，这样也避免在技术探索上遭遇失误，同时又能降低技术开发中的不确定性；其次，从市场来看，后发企业能根据先发企业的市场反应来制定自身的市场策略，这种策略避免了新产品在市场初期的不稳定性和风险性。后发优势的存在，使后发企业需要采取一定的策略才能追赶上先发企业，甚至超越他们，"模仿中的创造"对于后发企业而言是很重要的一种策略。

"模仿中的创造"是针对后发企业的后发优势，并且是最大程度回避风险的一种应对性策略。这种策略要求对于模仿的控制需要依据企业发展情况和阶段作出及时判断，企业家需要在"模仿的利益惯性"和"创新惰性"之间进行及时有效的控制和平衡。根据我们对于长江三角洲、珠江三角洲地区制造业的考察，模仿带来的企业利益惯性使得许多企业丧失了创新的动力和转型的良机，从而导致企业的倒闭和破产。而"模仿的利益惯性"和"创新惰性"正是中小企业转型失败的基本模型。前者是指模仿形成的低成本、低风险和较高利润会让企业陷入一种一味通过模仿获取利益的惯性之中，当这种惯性成为企业和企业家的一种支配性的心理时，就会降低企业家对于企业升级和转型机会的敏感性和主动把握能力，随之会产生一种"创新惰性"，这种惰性将引导企业进入被动的局面。利润的获得和创新风险系数的比例越大，"创新惰性"就越强。

"模仿中的创造"提出后发企业可以利用市场机会，以模仿为切入点，在模仿中融入对创造的逐渐应用，随时评估企业模仿的利润、风险与创造的利润和风险之间的系数，当这个系数达到可控范围时，要有效把握机会进行企业升级。在这里，我们需要把握两个变量，一是来自模仿中的利润变量，利润的变量和模仿固有的一种内在风险的扩大化相关。当这种内在风险，如知识产权、产品利润率低等扩大时，利润本身的系数自然会变小。另一个变量是来自创新中的风险变量，创新能力、执行能力和实施能力越强，风险的变量就会越小。

改革开放后由于短缺市场的需求，大多数中小企业通过满足市场的需求而获得快速发展，同时由于国际产业分工模式的形成，中国企业成为世界产业链上的生产加工一环，利润成为企业追逐的目标和生存的资本，这也导致国内大部分企业的成长都采取低成本、低风险的代工与贴牌方式。尽管大部分企业都能意识到自主设计和自主品牌对于企业的价值所在，但是由于设计的高投入及其带来的未知性，企业对其大都仍采取远观的态度。

设计创新是企业发展的重要推动力，但是中小企业由于自身能力的制约与环境的限制，常常陷入需要设计创新又难以承担企业设计创新风险的尴尬困境。对于这类企业而言，模仿创新是利润比风险占据上风的一种方式，是企业初期阶段比较合适的一种发展方式，当然，这并不意味它是一种放之四海而皆准的模式。一旦企业经过一段时间的基础发展跨越初期阶段之后，企业需要重新把握利润与风险之间的比率。与模仿的利润与风险相比较，如果创新的利润与风险成反比的话，那么企业可往创新型企业发展。所以，企业选择的发展方式必然是其在该时期对风险进行评估之后的结果，在每个发展阶段，企业都将面对不同的设计创新与设计风险内容，需要企业根据不同的情况来决定恰当的发展方式。

4.1.3 原创与风险：创新策略的升级

中国企业正在面临一种普遍性的转型和升级需求，某种程度而言，这是一种被迫的转型与升级。因为，从外部环境看，全球制造业系统开始呈现明显的阶梯化倾向。在亚洲区域内，中国作为"全球制造工厂"的位置正在被印度、泰国、越南等国家替代，中国在整个产业系统中的位置面临升级，从传统的代加工模式逐步过渡到品牌输出和原创产品输出的过程。就企业自身的发展逻辑来看，依照郎咸平的"6+1"产品价值链分析，"1"指制造，而"6"是指产品设计、原料采购、仓储运输、订单处理、批发经营、终端零售这6个环节。中国中小企业目前处在价值链的低端环节，产品价值的产生来自于制造本身的生产价值，而产品高额附加值的创造和实现环节，一直被上游创新型企业垄断，中国企业普遍缺乏一种控制能力。面对这种内外忧患，中国中小企业的升级和转型是摆在眼前的任务，而这项任务的基本指向在于要突破这种依靠生产制造产生低利润价值的生产阶段，进入到高附加值生产的环节。

因此，一个基本问题呈现出来，即从"模仿中的创造"这种后发企业通用策略开始，进行创新策略的升级。当后发企业具备一定生存条件和相应的创新资源时，要主动提高创新性，降低对于模仿的依赖性。后发企业可以根据实际情况进行创新策略升级，而对于企业状态评估的模型，后面会进行专门论述和模型建构，这里会涉及两个关键要素的处理。对于很多企业而言，影响创新升级的因素有多种，但这个问题是最为关键的。模仿会带来一种持续的利益，而让企业产生一种利益惯性，而导致企业会忽视可能面临的转型时机和模仿所带来的问题，即对于"模仿的利益惯性"导致的"创新惰性"的突破问题。

其次是对于创新策略升级后的风险控制。原创性策略尽管被描述成一种提倡产品核心竞争力和促使企业升级的有效途径，但是，这并不表明它所具有的必然性。只有进行有效的风险控制，才能把这种原创性的竞争策略内化成企业竞争的核心策略。因此，如何进行有效的原创性风险管理和控制变得十分重要。在这里，就需要一种"1+3"控制模型对设计创新中的风险进行控制和管理。"1"指原创性评估，实施转型的企业首先需要对于原创性本身进行评估决定是否进入原创性阶段，其中包括原创能力评估、原创性过程评估和原创性结果评估，这方面的评估着重考察原创性的真实性、有效性和可行性。"3"指资源评估、成本评估和市场评估，其中资源评估包括人力资源、商业资源、市场资源等各种形态的资源拥有量和资源品质；成本评估是关于企

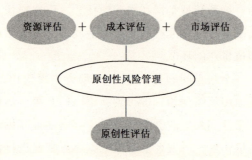

图 4-2　原创性风险管理模型

业现有状态和转型状态之间平衡的一种保护，涉及资金、利润、消耗量等；市场评估是对原创性策略进行综合的市场考察，评估它的市场竞争力、前景和可行性。

原创性风险管理模型的提出具有两个层面的意义，一是重新定义了原创性的风险特征，很多企业的失败都是由于转型策略升级过程中企业对于风险的失控而导致的。当过分放大原创性的积极意义和创新价值，把它看作是一种万能型的工具和策略，往往容易忽视对于任何一种涉及商业发展的原创性的发生的系统评估，也就忽视了它所隐藏的风险性。事实上，应用于企业转型和升级的原创性策略需要系统的评估来规避风险，一种有效的风险管理模型的提出，能为企业进行原创性的创新策略升级提供有效的分析工具，对于大部分准备从制造型转向自主创新的企业而言，这种工具能为企业的脱胎换骨带来很大的考量价值。

4.2 中国中小企业设计创新发展的三部曲

效力于美国加州和路易斯安那州的日报及地区性商业出版物的美国女性记者萨拉·邦焦尔尼（Sara Bongiorni）突发奇想，决定带领全家进行一场"离开中国制造一年"[1]的实验行为，通过记录一个普通的美国家庭一年不购买"中国制造"的产品，以此来检测生活能有多大的改变。一年期间所发生的有趣又充满麻

---

[1] [美]萨拉·邦焦尔尼. 离开中国制造的一年[M]. 闫佳, 等译. 北京：机械工业出版社, 2008.

烦的冒险揭示了美国人已经离不开物美价廉的"中国制造"①，"中国制造"给美国家庭提供的不仅仅是廉价的生活用品，也建构了大部分美国家庭的生活用品。这场实验行为表明，"中国制造"在世界经济中占据日益重要的地位。

"中国制造"已经成为世界认识中国的一个标签。经过30年的改革开放，工业基础薄弱的中国迅速发展成制造大国。中国企业从最初的一穷二白到现在如此丰富形态的企业类型，经历了巨大的变化。在全球化经济的巨大机遇下，中国大量廉价的劳动力资源和土地等资源，与工业制造大批量生产相结合，廉价的成本优势让中国迅速成为最有制造竞争力的国家，成为各国品牌的生产基地。建构"中国制造"的每一个个体的企业都在进行一场风险的较量，中国企业的每一步发展模式都是在开展资源与利益的抗争，实质上也是在风险和安全中寻找一个最佳的平衡点。

然而，在对国内中小企业发展模式进行样本分析过程中，中国企业的面貌并不是只有"为他人做嫁衣"的角色。从设计风险出发来认识中国中小企业的发展，企业"三段式"模式清晰的呈现出来。在这三个阶段中，每个不同阶段的生产方式与创新

---

① 在短短30年里，中国从一个农业占国民经济比重达70%的落后国家一跃成为制造大国，服装、玩具、电器、家具等等，大量的产品被运送到世界各地，中国产品遍布在国外商场和超市中。从1978年，中国制造业占世界制造业的份额不足1%到如今已超过9%，并且成为世界制造大国；出口额从1978年的97.5亿美元上升到2007年的12 180.2亿美元，这个变化也显示制造能力的极大释放。与东菱一样，作为世界的制造中心，大部分的中国制造企业负责加工生产来自世界各个企业的产品订单。中国是目前世界的出口大国，在玩具、家电、家具等领域都占有绝对位置。从玩具行业的出口来看，中国已经是世界第一大玩具出口国。2007年中国玩具的出口占全球的60%，其中70%都是贴牌生产。这个调查数据说明了中国企业出口中贴牌仍占主要份额。

行为，也在与风险的博弈过程中提出了不同的风险对策。

第一种阶段是"生存性发展"阶段。在这个阶段，企业的首要目的是生存，以"学习"、"模仿"为切入点的生存模式具有相对的低风险和较高利润的特点，这对于企业初期阶段的发展具有重要的引导意义。这个阶段为满足发展需要而展开一种生存策略，这种机制的导入，可以有效回避企业形成"利益惯性"和"创新惰性"的问题。

国内中小企业的前身大多数是家庭式作坊，大部分是个人私营性质。这类企业在建立之初，尚处于无市场、无消费者、无积累的状态，而企业自身的技术、资金、管理等方面都无法与大型企业相比，生存问题是摆在企业面前最大的问题，所以大多数企业选择生产制造、贴牌与代工等发展模式来维持生存。只要接到订单，准时完成生产任务，就会安全的"获得"企业生存的资本。许多制造加工型企业在数年内只要保持一定的订单数额进行生产，就能成功地维持企业的生产运转。尽管企业中存在模仿、抄袭等被人所非难的方式，但是企业通过这种方式，可以适当地回避设计创新或自主创新品牌所带来的高成本与高投入的风险。

第二阶段是"平衡性发展"。当企业经过"生存性发展"阶段进入"平衡性发展"阶段后，它将面临的是：如何有效处理企业仿制型产品、改良型产品和创新型产品三者之间的平衡发展。这个阶段的发展比例依据于对每个构成部分的风险判断以及企业控制风险的能力评估。如果企业从初级阶段转向成熟时期之际，企业对设计创新的控制能力处在较弱的程度，在这个时期企业若将重心完全移向创新型产品，那么企业要面临高额的研发、技术等创新投入，同时创新带来的新产品与新市场对于企业而言将存在很大的风险性。所以，企业设计创新的风险评估与控制能力决定了企业的"平衡性"发展过程。

1987年夏天，在杭州武林广场上，愤怒的人们点火烧毁了5 000多双假冒劣质的温州皮鞋；1999年的冬天，2 000多双仿冒的温州劣质鞋在"奥康"企业家和温州领导的点火下化为灰烬。这两次武林广场的"烧鞋事件"标志着温州鞋业从劣质产品走向优质产品的转型过程，也是温州鞋类企业从"生存性"阶段转型的表现。

图4-3　1987年"烧鞋事件"

图4-4　1999年"烧鞋事件"

随着市场大环境的变化，"万"企业在2000年后意识到企业转型的迫切需求。相比较同行业其他代工企业而言，"万"企业更早开设设计部，聘请自主设计师设计自有产品，并注册了自己的小品牌。尽管企业有了设计创新的行为，但是企业所进行的一系列举动仍然是停留在改良的基础上。究其原因，在于变革性的设计创新所需的高成本是企业无法承担的压力，在"利益惯性"与"风险系数"之间比例关系的不稳定性让企业对设计创新望而却步。企业在保持模仿和代工的基础上，将改良部分产品设计作为企业的辅助行为，这样保证企业基本生存的情况下，又能进行适当的创新行为。仿制型、改良型、创新型产品在一个企业中的发展比重说明了企业对设计创新风险的控制能力。

依靠代工与贴牌起家的生产型企业，设计创新并不是它们的主导力量，批量生产所带来的利润仍然是企业运转的主要来源。"万"企业对于设计既想靠近又惧怕的复杂态度正是大多数中小企业对设计创新的真实态度。这也是企业进入到"平衡性"发展阶段之后呈现的一种普遍性存在状态。因此，在这种情况下，企业有效的控制系统和企业家的设计创新意识成为打破平衡，引导企业走向"创新性"发展的高级阶段。但是对于打破"平衡性"发展可能带来的设计风险评估与设计风险控制变得非常关键，这个设计风险评估可以通过三个变量考察进而得出，一是目前企业三个层面的产品盈利能力和变量范围分析；二是设计创新本身所承担的硬性风险，包括成本、资源消耗等；三是创新导入对于"平衡性"被破坏的度的控制，这三个变量的考量影响了企业的发展途径。

第三阶段是"创新性发展"阶段。这是一种企业相对可以主动主导风险，利用风险和规避风险，把企业导向能力最大化的阶段。但是，必须提出的是，尽管进入良性的"创新性发展"阶段，并不意味着就能带来产品和商业的成功，贝尔可视电话的惨败已经说明了这个问题。因此，设计风险的评估范围需要扩展到设计和创新之外的范畴，包括市场、消费者心理、文化等因素。

事实上，制造型企业与自主创新型企业都面临着不同的设计风险，制造型企业通过模仿的方式最大限度地规避设计创新带来的高成本与"不确定性"带来的风险，但是"创新惰性"的产生让制造型企业陷入升级难、知识产权纠纷多、市场更新速度慢的风险；自主创新型企业中的创新行为带来了市场的先机，但是如果企业不能承担高风险的压力，那么设计创新中的"不确定性"会让企业遭受极大的风险。实质上，企业每个发展历程都是在进行利益与风险控制的博弈，代工、模仿、改良、创新……企业每个阶段呈现的模式都是企业面对市场回报与风险系数之间的权衡结果。

4.3 设计风险的"恰当性"——利益与风险的博弈

4.3.1 代工与贴牌——中国企业的生存性发展

上个世纪八十年代，中国消费品制造业几乎处于零状态，中国企业的技术和资源处于落后状态。改革开放之后，在市场经济的引导下，工业生产以"引进技术"、"来样代工"展开了各自的生存模式，代工与贴牌成为国内大多数企业选择的发展模式。

2001年5月，日本通产省发表的白皮书第一次提到，中国已经成为"世界工厂"；日本《经济新闻》也连续发表文章，认为随着中国加入贸易组织，巨大的中国市场将进一步开放，中国已经成为世界制造中心[①]；《美国新闻周刊》2001年9月3日发表的《中国公司的扩展》和《华尔街日报》2002年10月发表的

---

① 郭万达，朱文晖. 中国制造——'世界工厂'转向中国 [M]. 南京：江苏人民出版社，2003：1-2.

《世界工厂》都阐述了"中国已经成为世界工厂"的观点[①]。进入21世纪，中国制造的崛起也不断受到各国政府、媒体和公众的关注，而中国制造的形成事实上是中国企业从根据自身资源、技术而形成的以成本与收益为基本关系的发展结果。

从上个世纪九十年代开始，全球大部分的研发中心将生产制造中心放到中国。九十年代初中国经济正处于恢复期，国家实施宏观调控，国有企业关、停、并、转，导致大量人员下岗，市场气氛清淡，而国内民营中小企业开始崭露头脚，许多企业瞄准国际专业带来的机会，进军国际市场，中国也涌现出许多制造中心，如中国的广州、深圳和东莞等地区。

位于广州的东菱企业正是在这股代工浪潮中，成为成千上万家代工与贴牌企业中的一员。东菱企业在觉察到国内的严峻局势和全球市场的广阔空间时，开展承接 OEM 业务和出口代理。OEM 模式为早期的东菱公司带来第一桶金，在国外客户的指导下拓展了东菱公司的产品线和技术生产能力，积累了产品生产制造的技术知识。这个过程提高了东菱公司的生产制造能力，在成本、管理上逐步达到了高品质，成为电器行业中规模较大的代工企业。东菱公司的 OEM 过程为其日后自主创新打下坚实的基础，这个基础包括生产技术、管理以及品质等生产领域的经验，这种代工的经验也为东菱日后成为创新主导型企业提供了很坚实的经济、技术及管理基础。

东菱的代工与贴牌的模式，反映了上个世纪九十年代大部分

[①] 孙林岩. 全球视角下的中国制造业发展 [M]. 北京：清华大学出版社，2008：17-18.//成其谦. 世界制造中心辨析 [J]. 中国工业经济，2002：46-50.

中国企业的成长面貌，这种模式让中国中小企业在短期之内实现初级阶段的技术发展、资金积累和管理经验积累，是中国企业实现快速成长的一种策略。作为代工与贴牌的生产型企业，最基本的生产流程就是接收订单、生产、管理、运输等环节，企业根据上游企业的产品设计要求和生产标准进行生产，并不需要投入研发、开拓新市场等成本。这个时期，对于处于初级阶段的企业而言，是风险系数最低的时期。企业只需要考虑订单和生产这两个环节就能实现最基本的生存，市场、消费者、技术研发、设计创新等因素对于企业而言并不是很重要。简单的生产系统让企业减少了许多不确定性的因素，企业不需要承担研发设计、市场营销、自主品牌这几个环节中高投入与不确定结果之间的压力。在这个系统下，企业只要控制好生产系统的成本、技术和订单的关系，其他大部分处于一种安全的环境里，这是一种保守的企业运营模式。

作为企业发展的初级模式，代工与贴牌是众多中小企业无法跨越的阶段。这个阶段最大限度地回避设计创新带来的高投入与高不确定性，对于发展初期的企业而言，是比较合适的发展模式。广东东菱、广东奥飞动漫、浙江澳珀作为行业中的先发企业，在企业成长初期都经历过代工的过程。但是在完成初级企业的模式之后，仍将这种模式定格为企业最终的发展目标，那么企业将一直停留于被动的局面，将会招致更大的风险。

事实上，代工与贴牌方式让企业获得安全的发展，但是这种模式中稳定的利润会让企业形成一种"创新惰性"，这种惰性在面对新环境、新技术的变革时将可能演变成巨大的风险；而代工是一种被动接受订单的形式，企业的生存维系在委托企业手里，一旦委托企业发生变化，那么该企业将遭遇风险。作为后发企业的一种发展策略，代工与贴牌在企业初级阶段能让企业处于一种低风险、低投入的状态。企业要想从被动转为主动，要发挥主动性，那么就要展开创新意识下的有效控制系统，并对可能带来的设计风险进行评估。积累一定基础的企业只有从这种代工与贴牌的模式中脱离出来。才能无负担的走向设计创新发展。若贪恋代工与贴牌的安全与稳定利润，企业面临的将是更大的风险。

4.3.2 模仿与改良——中国企业的平衡性发展

作为一种战略选择，模仿创新是指企业以率先创新企业的创新思路和创新行为为榜样，并以其创新产品为示范，跟随率先企业的足迹，充分吸取率先企业成功的经验和失败的教训，通过引进购买或反求破译等手段吸收和掌握率先创新企业的核心技术和技术秘密，并在此基础上对其进行改进和完善，进一步开发和生产富有竞争力的产品，参与竞争的一种渐进性创新活动[①]。模仿创新包括模仿与创新这两种不同行为的组合方式。这个阶段的模仿创新和完全的模仿、抄袭存在很大的不同。

中国一直被认为是"山寨"大国，随着社会和消费者对于产品需求的增强，许多企业将重心放到模仿同类产品中的创新产品的外观设计上，这种策略刺激了"山寨"产品直接的销售收入。因为美化产品外观能成为制造噱头的工具，产品在同类产品

---

① 施培公. 后发优势——模仿创新的理论与实证研究 [M]. 北京：清华大学出版社，1999：16.

中显得夺人眼球,但却没能实现工业设计的真正价值,缺失品质和工艺,这也是"山寨"产品昙花一现的原因。东菱公司在同类企业中的脱颖而出长盛不衰的原因,除了致力于漂亮的外观设计之外,同时还注重产品的外形与使用体验的完美结合。

由于率先企业新产品或新技术上市之后,直到市场饱和之前存在一定的市场空间,完全模仿型企业能够对率先企业的技术、产品工艺、设计、管理、销售等方面进行全方位的抄袭模仿,以此来获得空缺市场空间所带来的利益;而模仿创新型企业则会对率先企业中的产品技术、设计进行改良创新,按照自身的需求来重新改良,这个过程是建立在对他人的模仿之上的创新。

以经营西式小家电为主要产品的东菱,其95%的产品都销售到欧美发达国家,而其针对西方家庭产品的自主设计在现代设计发展成熟的西方国家受到青睐,这对于中国企业而言是具有难度的。在东菱自主创新的发展中,模仿创新是其无法翻过的一页历史。那么,模仿创新是如何促进企业的设计创新?模仿创新策略又是如何为企业规避设计风险?揭开这些问题将更清晰地展示创新与风险之间的关系。

东菱企业的成长建立在产品技术之上,如电水壶跳掣时间的控制。一般的电水壶的开关自动跳掣时间是10~20秒,而东菱将其缩短到5~8秒,减少了时间和耗电量,这需要产品在蒸汽通道设计、密封技术及手柄最佳长度和曲度等方面形成一系列的设计制造规范,东菱产品实现了技术的工艺和功能创新。东菱电水壶在细节上的设计让消费者感受到品质产品与常规产品的差距,实现了模仿创新的过程。

东菱的起步故事与成千上万家代工企业一般平凡,起初就是靠着代工、模仿生产获得企业的生存基础。这种模式使东菱规避了设计创新带来的风险，直到2000年的"公主事件"，让东菱公司开始考虑转换企业的导向模式。

2000年，有一位来自德国的客户拿着PRINCESS（公主）品牌的一款产品让东菱公司代工生产，这是一款咖啡机和电热水壶二合一的新产品。东菱公司接到这个订单，立马按照公司的技术指示照单全做。当这款产品上市时，PRINCESS公司派律师来交涉，这时，东菱才意识到自己的模仿行为已经侵犯了PRINCESS的知识产权，他们向PRINCESS道歉，并作出停止销售的承诺。这个事件让东菱面临巨大的经济损失，但是也迫使东菱对于早期的抄袭、模仿之路进行反思。经过一段时间的调整，东菱决心开始自主创新之路。

但是自主设计必然面对新的产品市场，东菱并没有完全放弃企业的生产方式，而是在此基础上靠出售设计来提高企业的创造力。从OEM向ODM转型的过程中，东菱保持着ODM时期模仿的优势。此外，企业的设计部从之前的跟风、抄袭行为转向设计改良，直至彻底实现设计创新，渐进式的占领市场。在转型初期，东菱公司经历了最艰苦的几年，面对新的产品市场，设计部从纯粹的产品外观模仿到外观改良，经历产品功能、技术改良、价位、市场推广的重新定位，在这些环节中都面临市场空白或激烈竞争。在这样的模仿与改良模式中，东菱实现了代工向改良的稳定转型，企业初期积累的生产线、管理技术以及部分的客户群，让企业降低了面对新市场的风险，这种转型也避免了停留在代工模式带来的"创新惰性"困境，也规避了跳跃跨度大所带来的衔接风险。

设计创新中的高风险与高投入,是国内大部分中小企业无法承受的负担。面对这种境况,企业基本采取比较保守的跟随姿态,只要一直跟随先发企业的生产与发展,模仿先发企业的产品、生产、技术,并在适当的条件下根据企业自身情况和市场的变化进行改良,这种改良方式实质上是企业权衡利益与风险之后选择的一种渐进式的发展方式。

当然,企业的模仿创新中存在不同的方式,包括产品功能的改良、工艺的改进、市场拓展、管理细化等等,在解决基本的生产产量、生产成本问题之后,企业模仿先发企业的管理技术、产品工艺、外观设计,在自身已有的基础上对该企业的产品进行改良式的设计,使产品更符合市场的定位或企业的定位,这种定位能让产品更具有市场竞争性。这是一种建立在模仿之上的创新方式,也是根据企业自身状况逐渐树立自主意识的中间过程。

对于后发企业来说,模仿创新加快了技术发展的过程,同时还降低了创新上的成本投入和一定程度的市场认可问题,这极大地规避了技术研发风险和资金风险。这种仿造新产品的模仿行为也是创新传播的一种形式,在一定的范围内也是属于创新行列。

"1955—1970年,日本机械工业引进技术及其研究,推行费用大约为30多亿美元,而它所引进的国家在最初形成这些技术的研究,试验费用总额估计至少超过1 000亿美元……日本企业模仿创新的成本只有先发企业创新的50%,耗时只有先发企业创新的72%,而美国企业的这一数据分别为98%和95%",[1] 根据这组数据,我们可以看到模仿创新在企业的研发投入和研发时间上都占

---

[1] 尹生. 打破模仿与创新的边界. 21世纪商业评论,2008 (3).

有巨大的优势，这使得后发企业能将资源转向企业有优势的部分，为企业争取更大的经济资源，从而增强了企业竞争力。

除了研发和成本上的风险规避，模仿创新也是对早期不确定市场风险的规避策略。先发企业在开拓新市场后，为跟随企业进行了市场试水。上个世纪九十年代初，Golder和Tellis对二战前后三十六种产品进行研究，发现创新产品的失败率为47%，而早期跟随产品失败率为8%。研究还表明模仿创新企业有超过半数的一直占据着领导地位的产品种类平均市场份额为28%，而先发创新者的平均市场份额只有10%[1]，先发产品为跟随产品做好了进入市场的前期市场准备。如果新产品赢得了市场份额，那么跟随企业推出类似产品种类，将减少企业开拓市场所需要承担的成本风险以及不确定市场的风险。

先发企业在市场上的开拓不但能为跟随型企业打开市场方向，还能给其提供市场销售和管理的经验，模仿企业在此基础上能快速改良先发企业存在的不足，从而使产品更具有市场竞争力。Lilian和Yoon两位学者针对法国7个行业，112种工业品的创新进行调查，结果表明，进入市场的第三与第四家企业比起进入市场的第一与第二家企业成功率更高，在前期导入期，第三第四进入者成功率为87.5%，在成长期为81.2%[2]。这组数据说明模仿创新型的企业尽管跟随在后面，但是却能通过观察先发企业的试水经验，明确自身产品的可行性，为企业的策略做好前期的准备。

模仿创新策略是将企业发展状态、创新、风险三者进行综合

---

[1][2] 尹生. 打破模仿与创新的边界. 21世纪商业评论，2008（3）.

思考后的策略选择。当然，模仿创新在一定的状态下是企业处于风险最低的发展模式。但是，如果将模仿创新作为企业最终的运营模式，那么将会给企业带来很大的限制和风险。自主创新是企业保持持续竞争力的重要因素，如果一个企业要走向健康、有活力的方向，那么必然要从模仿创新走向自主创新，在这个过程中自主意识的缺乏会使企业处于被动状态；一旦先发企业发生变化，那么企业也将陷入巨大的风险之中。

由于非法模仿创新行为的存在，也让模仿创新与知识产权的关系显得较为敏感。适当的模仿创新会推动创新的气氛，促进知识产权的发展。当企业通过模仿使自身具备一定的基础之后，企业势必会从被动走向主动，而这个过程也是企业从侵权、建权到维权的转变。所以对于模仿创新的认知必然要站在宏观的角度来解读。对于后发企业而言，模仿创新将是企业转向自主创新的很重要阶段，这个阶段能让企业在设计创新过程中回避市场长时期的不稳定性，极大的降低了风险。但是企业若依赖这种安全性而只停留在模仿阶段，那么必然会带来更大的风险。只有在企业发展到一定阶段之后，能从模仿转向创新，这样才能实现模仿创新的阶段价值。

4.3.3 走向自主创新——中国企业的创新性发展

二次创新

2005年，东菱公司推出了一款多士炉面包机，这款产品一上市就受到好评。这款深受美国消费者喜爱的产品是根据西方人早餐方式的特点进行设计的，了解到西方人的早餐喜欢吃烤得焦黄的面包，中间再夹一片煎蛋，这款多士炉能将烤面包与煎鸡蛋这两个功能合二为一。在将新产品的测试样机送到美国家庭里进行试用之后,收到的反馈很好,东菱也收到了大批量的订单。这款功能创新后的多士炉面包机很快占据了美国多士炉60%的市场,根据海关2006年1到5月的数据显示,这款多士炉面包机出口排第二①。

在设计研发电热水壶的时候,东菱发现传统的热水壶由于容量的问题,一壶水烧开至少需要几分钟,但是许多人急着需要热水,东菱针对这个细节的需求研发了一款快热电水壶,采用分段烧水的原理,让使用者无需等待太久就能使用热水。这款产品一经推出,立马获得市场的关注和青睐。

在"2005年度中国区域工商恳谈会"上,东菱推出了一款结合东西文化特色的产品——"鸳鸯锅",这款产品集合了制作面包、米饭、酸奶等多种功能,采用了黄金纳米环保镀膜,高智能化的功能颠覆了该行业的产品功能模式。这款产品迅速占领市场。

图4-5 东菱多士炉面包机

图4-6 东菱鸳鸯锅

---

① 蓝海林,湖启志,郭建刚. 创新设计使东菱的制造微笑起来. 第一届两岸经营管理个案研讨会,2006.

这几款产品的研发模式极具东菱产品功能创新的特色，即在掌握一定的技术基础之上，东菱根据人们不同的生活方式与审美的结合创造出具有市场价值的产品，"反向工程"在其中起到很大的作用，这使东菱走出"4+3等于12"①的价值增值模式，成为东菱产品的设计创新标准。之后，东菱建立了设计主导的运营模式，2001年后，每年以120万的设计费将设计外包给专门的设计服务公司，向市场推送新的产品，实现了从OEM、ODM到OBM的多次转型。

东菱在设计产品上的转型不仅仅只做到产品外观设计上的模仿与创新，在产品结构、功能、技术研发上也进行了周边技术的研发，既保证了基础技术，又拓展了技术新领域，让产品获得二次创新。在东菱的产品线中，每年都会出现数项发明专利和外观设计专利注册等。工业设计成为东菱获得成功的重要武器。论核心技术或生产管理等能力，东菱并不是行业中的领先者，但东菱能针对市场和消费者的需求，利用工业设计与技术的结合，让企业实现快速成长。产品二次创新中的投入让东菱产品获得了比其他公司更好的利润。作为自主产品，东菱的产品价值比代工生产的产品高出很多倍，这种优势让东菱企业体验到设计创新带来的价值。

当企业进入用同一原料和技术的白热化竞争阶段，工业设计将成为企业制胜的决定性因素。东菱的成长经历了OEM、ODM、OBM的阶段，设计让其从最初的代工企业转变为设计创新型企

---

① "4+3等于12"的价值增值模式：一个面包机4美元，一个煮蛋器3美元，多士炉面包机的价格变成了12美元，大大提升了产品的附加价值。在东菱企业内称这种创造新价值的方式为"4+3等于12"的增值模式。

业,每年拥有数项发明专利和众多外观设计注册。"二次创新"[①]策略作为东菱的中间发展阶段,使企业避免了由于"创新惰性"导致的停步不前的风险,同时让企业回避了直接创新的高风险,是企业过渡到设计创新阶段的重要策略。二次创新对于发展中的企业而言,是对市场、创新、风险的关系继续权衡的过程。

对于后发企业来说,"二次创新"作为一种循序渐进的发展策略,也是能够最大限度降低风险的一种过渡策略。企业在经过一段时间的模仿之后,掌握了技术原理和专业技术,其目标开始转向如何成为具有自主创新能力的实体,开拓企业市场,研发新设计和符合国内外市场需求的工艺,这个改造的创新过程是企业自我觉醒的过程。根据有关的数据统计,即使是以创新闻名的美国,新产品的开发率也不是很高。消费类工业新产品设计研制的成功率为50%,新产品工业化试生产的成功率为45%,新产品市场消费的成功率为70%。最后,综合起来的成功率也仅为16%左右[②]。从这组数据中可以看出,最终市场上大部分的新产品来自于改良性的产品,新产品只占很小的市场份额,由此可见,相比较创新产品而言,改良型产品在市场中风险更小。

另有相关数据显示,韩国和日本对技术引进和消化吸收再创新的费用比例是1:10,而我国则是10:1[③]。这组数据表明国内并未对二次创新给予足够的重视。与一次创新相比,二次创新对

[①] 在引进技术基础上进行的,受囿于已有的"技术范式",并沿着新的"技术轨迹"发展的技术创新。二次创新过程被表示为在社会需求和科技进步的大环境中,以各类典型活动为阶段标志的过程。模仿创新起始于系统的生产技术的引进,它包括产品设计、制造工艺、测试方法、材料等。

[②] 李志榕. 管理好你的设计风险. 工业设计, 2007 (4).

[③] 马希良. 试论二次创新与企业发展. 发明与创造, 2008 (8).

于中小企业的成长具有一定的必要性,通过整合或改造已有技术,开发出更高水平的产品或工艺,这对于基础薄弱的中小企业而言更具有合理性。对已有技术和工艺进行改良与创造,这也是由于"反求工程"所引起的一种行为,在这个工程中对已有产品的解剖、分析、重构和再创造都建构了设计中的再设计,这个以反向推理为方法的"反求工程"也是二次创新最大的价值所在。

反求思维已存在很久,而将之作为研究的学科产生于上世纪六十年代。任何产品的诞生,不论是经过模仿、改良还是直接创新,都是以已有的技术发展经验为鉴,美国借鉴英国的工业成果和先进技术得以实现现代化;战后的日本通过"反求工程"快速恢复国内经济。英国设计管理专家阿克勒(Oakley)在《设计管理》中曾作过这样的论述:"有人说日本设计师是伟大的创造者,其实不然。应该说日本设计师是一个伟大的重新设计师。他们的成功是来自于不断做一些比原来好一点的事情,而不是一下子有很大的发明。"[①] 上个世纪六十年代初,日本提出了"一代引进,二代国产化,三代改进出口,四代占领国际市场"的科技立国方针,"1975年,日本耗资近60亿美元,共引进国外技术25 777项,其中20世纪五十年代每年平均为233项,六十年代平均为1 090项,七十年代前五年平均为2 091项,在石油危机爆发的1973年引进最多,高达2 450项。根据日本长期信用社银行的调查,日本这20多年中所引进的技术,都是各国用了半个

---

① 刘国余. 设计管理 [M]. 北京:北京理工大学出版社,2003:9.

多世纪才开发出来的最优秀的成果"。① 日本将引进的技术和专利在国内经过消化和改良，根据国情和实际环境进行创新，让这些技术国产化；同时，还将创新的技术重新运用到国际市场。可以说，日本对"反求工程"的应用达到很完美的地步；韩国和东亚国家在经济腾飞中不约而同地使用了"反求工程"来达到技术的国产化和创新。"反求工程"对于起步晚的国家和企业来说是能快速追赶先进国家和企业的一种手段。

产品的工业设计二次创新，不仅仅体现在产品外观和性能上，更要从客户潜在的隐性需求出发去拓展新的思考，沿袭这种逻辑的二次创新才能获得市场的认可和消费者的关注。

以中小企业发展过程为背景的模仿创新行为分析，并不是想对模仿行为作诗意化的解释，也不是为中国企业发展过程中的价值进行申辩，更不是作模仿决定论，只是想尝试说明存在于现阶段绝大多数中小企业中的模仿创新过程如何在企业中发生作用，并且是如何促进企业的设计创新。

由于薄弱的基础，设计创新对于中国中小企业而言意味着高风险，但是模仿与改良的模式为大部分中小企业提供了转型的过渡阶段，国内中小企业模仿与改良的过程也正是规避包括成本、产品、市场、研发等风险的过程，对这个过程进行客观的了解也将为我们真正了解中国企业成长过程提供重要的认知，为中国中小企业如何从"生产型企业"转向"自主创新型企业"提供了铺垫。

---

① 郭万达，朱文晖. 中国制造——"世界工厂"转向中国 [M]. 南京：江苏人民出版社，2003：77.

自主创新

2008年10月15日,东莞玩具产业代工企业代表——合俊玩具厂倒闭;10月22日,广东创意玩具深圳有限公司也宣布倒闭;之后,东莞一批玩具企业宣布倒闭,关于玩具业的"倒闭潮"传闻在东莞不胫而走。中国玩具制造遭遇历史上最难过的"寒冬"。广东的"奥飞动漫"与深圳"皮皮熊"是这场寒流中少见的没有"感冒"的企业。

经济危机之后的广州、深圳地区工业区内呈现萧条、冷清的面貌,但是在"奥飞动漫"的工厂中却仍是一片忙碌的状态。在经济危机击垮众多企业的状况下,"奥飞动漫"的强大竞争力尽显无遗。2007年,是"奥飞动漫"最忙碌的一年,企业创造了近5亿元营业收入的历史新高,同比增长85%。作为国内玩具行业知识产权拥有量排名第一的企业,截至2008年3月前,"奥飞动漫"自主知识产权已授权达到1 207件,其拥有量在国内玩具行业排名第一①。截至2012年12月,奥飞动漫在国内著作权登记达2 388件,专利申请达到1 889件,已授权1 774件。在国外专利申请80件,已授权59件。国内商标申请3 404件,已注册达到2 517件。国外商标申请442件,已注册384件。②

在2006年之前,"奥飞动漫"只是一家名不见经传的玩具制造企业。在短短几年时间,通过玩具与动漫联姻的模式,"奥飞动漫"打通了动漫玩具的产业链。这种模式对于大部分仍处于贴牌代工的中国玩具企业来说无疑是一创新之举,在国内企业中也

---

① 蔡磊. 奥飞动漫:一个玩具制造商的升级路. 南方周末,2008年11月19日.
② 汕头特区晚报 2012年12月13日, http://www.step.com.cn/html/2013-12/14/content_ 486160. htm.

是很少见的，而"奥飞动漫"也走出了属于自己的设计创新道路，实现了动漫玩具的设计、开发、生产与销售、影视动画的一体化，因为从设计创新起步，"奥飞动漫"懂得保护知识产权的重要性，设计创新与知识产权的维护总是联系在一起。

图4-7 奥飞集团下的奥迪玩具

2006年，"皮皮熊"引起了美国迪斯尼公司的注意，该公司提出想收购"皮皮熊"。这在许多人看来求之不得的举动却遭到了"皮皮熊"的企业家的拒绝。出售知识产权，沦落为代工者，这并不是"皮皮熊"的目标。建于2003年的"皮皮熊"在创业之初就将企业目标定位于做自主创新的企业和产品。与深圳其他代工企业不同的是，"皮皮熊"在创业前期花费许多时间和精力在技术研发和设计上，其独立开发的世界上第一款情绪数字化语音芯片的"皮皮熊"产品在全国上市，这款能与人实现互动的"皮皮熊"立即成为玩具市场的新宠，也让"皮皮熊"从成千上万家玩具企业中脱颖而出。"皮皮熊"的左右耳朵有能教孩子英语、儿歌的功能，握手能播放音乐，能尖叫，按脚心哈哈大笑，"皮皮熊"能与孩子进行生动的互动，这个创新性的产品一上市，就获得消费者的喜欢，取得很好的销售额。2007年，中国的玩具业整体遭遇滑铁卢之时，"皮皮熊"抓紧实现了转型，在

2008年"皮皮熊"推出了全新的升级产品①。此外，企业还通过品牌升级来保持创新速度，延伸出系列产品，包括"力力"、"妮妮"、"安安"等不同动物形象的产品。2011年，皮皮熊与动漫公司合作开发新产品，打造自主玩具抢占市场先机。

图4-8　皮皮熊：智能早教机　　　　图4-9　皮皮熊系列产品

"奥飞动漫"与"皮皮熊"独特的企业创新模式在目前仍以模仿和改良为常态的行业而言是很罕见的。身处中国制造危机的前沿阵地，"奥飞动漫"和"皮皮熊"未被卷入"倒闭潮"，反而在恶劣的大环境中尽显优势，两者最大的竞争力在于企业选择的自主设计创新之路。"奥飞动漫"在企业瓶颈时期没有盲目的创新，而是发现玩具与动漫产业结合的市场机遇，从而开辟了企业独特的发展道路，设计创新思维也为企业打开了新产品的市场，为企业赢得了市场空间；"皮皮熊"通过市场中的产品细分来寻找企业的设计创新机会。尽管两者自主设计创新所经历的

---

①　2008年初，"皮皮熊"公司推出了全新的"体操魔方皮皮熊"，世界首创"数字化人机互动游戏"概念，由玩具指挥人去完成相应动作，给出评分。而且，围绕着这一新产品，"皮皮熊"公司还组织了"体操魔方2008大奖赛"。

过程不尽相同，但是企业的自主设计与创新却是他们共同的特征。

自主研发以及一次创新对于崇拜技术创新的发达国家而言意味着一种低风险、花费少、费时少的高效的创新方式，但是自主创新需要较高的 R&D（研究与开发）能力，对于时时挣扎在生存线上的大多数发展中国家和后发企业来说是很难具备的。但是，这并不代表中国企业缺少自主研发的企业和能力，"奥飞动漫"与"皮皮熊"也显示了中国企业完全有能力进行自主创新。

但是，设计创新带来高价值的光环底下埋藏的高风险隐患是企业不可忽视的。作为国内首家涉足影视的玩具企业而言，"奥飞动漫"在动漫片拍摄上的巨额投入一旦失利也能让企业竹篮打水一场空；"皮皮熊"在前期技术上的研发和投入也未必预算到市场赢利，但是这两个企业都通过一种与众不同的设计创新方式成功的实现设计创新的价值，这与企业对设计、技术、资源和能力有足够把握的基础是分不开的，在设计创新之前需要做足有关的准备，才能规避设计创新中出现的风险。

设计创新面临的风险除了高投入与高产出的不对等外，还在于设计创新成果的流失，而这也就是设计产权侵害问题。由于设计资源的流失，会导致创新者的利益将逐渐减少。日本索尼公司在 Walkman 诞生之后也出现了许多的跟随者，为了防止创新资源的流失，索尼加快了开发速度，开发出 Walkman 第二代、第三代，通过市场的更新速度让模仿者无法复制。苹果公司在近几年推出的 IPHONE、IPAD 等产品，也是不断开发系列的产品，其创新的速度是众多模仿者和跟随者无法企及的。

"奥飞动漫"认识到设计资源外溢给企业所带来的损失，在开发出《火力少年王Ⅰ》、《火力少年王Ⅱ》和《火力少年王Ⅲ》动画片之后，陆续推出《战斗王EX》，并在此基础上推出悠悠球、陀螺等玩具，两者的完美结合为企业创造巨大的利润，通过动画片培养观众，并在其中渗透企业的产品，这种方式更能从广度和深度抓住消费者。"奥飞动漫"不断升级动画片，推出系列玩具，通过保持设计创新的速度以保护企业的设计创新成果能持续实现市场价值。"奥飞动漫"每年维权成本 600～1 000 万元，2012 年查处相关侵权案件 1 551 宗，追回经济损失 4 000 多万元。①这些举措都保护了"奥飞动漫"的创新价值。

图 4-10　《火力少年Ⅰ、Ⅱ、Ⅲ》

对于后发企业而言，一次设计创新并不能一步到位，而是需要通过系列设计创新的步骤来建立创新系统。模仿创新与二次创新对于后发企业的发展模式具有一定的优势，但是模仿与改良必然使范本的设计价值弱化。在企业经过模仿创新达到饱和之后，

---

① 汕头特区晚报 2012 年 12 月 13 日，http://www.step.com.cn/html/2013-12/14/content_486160.htm.

必然要有新的设计创新的源头来刺激发展。一味的模仿必然失去范本的活力，而设计创新中产生的活力也正是保持活力的关键所在。

4.4 "恰当性"原则：设计创新系统中的风险平衡机制

熊彼特在《经济发展周期》中把"恰当性"概念看作认识企业经济问题的立足点。他提出技术创新是企业发展很重要的因素，但是与经济创新相比，两者存在矛盾的关系，即它们之间是相互对立的。在经济发展规划与技术的创新上，企业家和企业技术人员是处于两个不同立场的角色，当两者发生冲突时，技术必然要服从于经济，因为这是企业经济发展的出发点。企业家和工程师都认为自己的决策对企业是正确且有效的，因为他们根据自身的"恰当性知识"作出判断和决定。对于企业家而言，他认为的"恰当性"在于商业价值以及企业的低风险，而工程师所认同的价值在于新工艺和高技术。两者差异的关键在于对于各自的"恰当性"认识是存在差异的。事实上，技术因素往往要让位于商业因素，因为经济性才是企业的本质。

那么，人的经济决策的原则或者方式是什么？经济学认为选择的最优化是决策的原则。若将熊彼特所说的"恰当性"抽象化的话，其实就是一个"度"的问题。企业如何为自己选择一个适合发展的"度"，那么也就是为企业找到平衡发展的模式。不论是模仿型企业还是设计创新企业，都在进行着经济和技术的博弈过程。在这个过程中，企业与各种风险进行着博弈。东菱所经历的代工与贴牌、模仿与创新、设计创新时期是企业在每个时期对自身"恰当性"的选择。技术创新是每个企业都在追求的目标，但是技术创新并不是企业的最终目标，大部分企业的经济性是企业生存的前提，企业中其他的追求都将让位于经济性，这使企业选择的发展模式必然要建立在经济原则之上，而这也是企业风险最低的状态。

但是，并不是每个中小企业从一开始就能找到最合适和风险最小的发展模式，即企业的"恰当性"所在，这个过程是反复试验与摇摆的过程。温州澳珀历经多次变革最终进入设计创新的阶段，这预示着企业选择了带有风险的发展道路。从生产制造主导的企业直接进入自主设计创新的企业，中间尚未经历模仿与借鉴，在转型后企业需要面对全部的风险问题，包括高投入、高技术、高设计、高资金等挑战。转型后的几年间，澳珀企业的经营亏损状况说明了这条道路的高风险性。这种风险有些企业是无法承担，但是澳珀承受住市场的落寞，这也是企业在进行转型前早已做好的前期心理准备。所以，对于中国中小企业而言，面临着创新与经济、创新与风险的"恰当性"的选择。

那么，如何寻找企业的"恰当性"，这是企业选择发展途径的关键点。这个原则的建立一方面用于思考企业设计创新和设计风险的关系，另一方面，用来控制和管理设计创新系统中的风险。"恰当性"原则作为设计创新系统中的风险平衡机制，包括三个系统和五个评价变量。三个系统分别指设计风险控制最小系统，创新应用最大化系统，利润增长稳定系统。五个评价变量包括：设计创新性和商业成功的关系变量、市场变量、消费变量、竞争变量。当我们使用这种"恰当性"原则时，我们需要基于对这三个系统和五个变量进行评估来作出企业发展状态的判断。

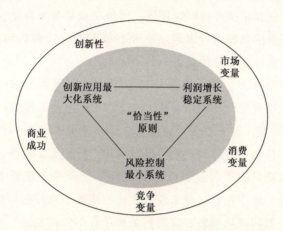

图 4-11　"恰当性"——设计创新系统风险平衡机制

在这个风险平衡机制中，设计风险控制的最小系统是企业对于所有可能产生的设计风险进行最小控制的能力；而设计创新应用最大化系统是企业机制具备设计创新的应用能够最大化的有效条件；对于利润增长稳定系统，它同时也是实现前两个系统稳定发展的重要条件。无论设计创新如何展开，在已有的模式上能够持续保持足够的利润稳定增长的系统变得非常关键。这个系统的有效协调是企业达到"恰当性"发展的关键机制，许多失败的企业要么放大了设计创新应用系统，而忽视了其他二者的平衡性；要么固守一种守旧的利润模式，最后被市场淘汰等。五个变量的把握则要依据于企业此时所处的时间、空间和实际情况进行评价。这五个变量中，对于设计创新性和商业成功的关系变量的把握是最为复杂和困难的，这种关系决定了如何判断设计创新产生商业成功的可能性；市场变量影响到对于设计创新应用带来的风险控制，而消费变量对于利润增长稳定系统具有重要影响，同时也对于创新系统进行间接评价；竞争变量是对来自企业之间的竞争性因素的判断，可以帮助企业有效判断升级和转型的时机，同时产生差异化竞争的动力。

2007年8月，在上海家化技术中心，家化集团副总经理王拙谈到企业发展设计创新时说："设计对于企业来说是一项奢侈行为。"确实，对于很多企业而言，设计本身意味着一种巨大的投入，并且对于这种投入的回报控制却十分软弱，此外，设计风险和中国企业的"利益惯性"使得许多企业并不愿意主动进行创新设计。对于企业自身来说，在什么情况下进行创新？如何进行创新？如何评估创新？这些问题都带有不可控制性，导致许多企业缺乏进行设计创新的信心。"恰当性"原则在某种程度上为企业的设计创新建立了一种有效的评价机制，在回避风险的情况下实现设计创新应用最大化和利润稳定增长，而这个系统正击中了中国中小企业从设计模仿、改良到创新转型的关键所在。

不论是小规模的鞋作坊还是拥有生产流水线的东菱企业，在每个阶段的设计创新都会面临不同的设计风险，如何平衡创新与风险之间的平衡点，是企业在转型中面临的巨大考验。

4.5 小结

国内中小企业的"三阶段"发展的风险策略，实质是企业中设计创新应用于风险控制的博弈，许多企业通过调整管理、技术、销售等促进市场销售。但是作为中小企业来说，要与国营企业的雄厚资金、高新企业的创新技术进行比拼相当困难。相比较高成本的技术创新与管理创新，中小企业开始采取了从"模仿"到"创新"的"曲线救国"发展方式。

众多中小企业通过模仿研发领先企业的产品设计和经营模式，在市场中快速实现经济价值。如国内珠三角地区的外向型加工制造企业由于外单对技术的要求，导致这些企业较重视企业的生产线和管理技术。对于制造加工企业来说，企业只要根据"外单"的设计和生产要求制造加工即可获利，因此企业中最重要的是市场部、财务部和生产管理，"学习"、"模仿"作为企业低风险与较高利润的发展策略，是企业生存型发展阶段采用的方式，这种生存机制的导入有效规避了企业的设计创新风险；而对经过"生存性发展"阶段进入"平衡性发展"的企业而言，如何处理从设计模仿到设计创新之间的转型和协调发展是关键的要素，这个平衡的机制主要依据企业对于设计风险和设计创新价值之间的关系判断来确定；当企业能够主动主导设计风险、规避设计风险之后，那么企业就具有了自主设计创新能力，而自主设计创新的过程也是企业能力最大化的阶段。

"三阶段"策略是企业建立在"利益"与"风险"之间的发展分析模型，而对于企业如何实现不同阶段的设计风险控制和企业发展的平衡，"恰当性"原则正指出了平衡的关键点，即通过三个系统和五个变量的模型建构，企业才能平衡好控制和管理创新系统中的关系，最大限度避免设计风险。

5　设计风险的分担、规避与化解

>　　魏文王问名医扁鹊说：你们家兄弟三人，都精于医术，到底哪一位最好呢？
>　　扁鹊答说：长兄最好，中兄次之，我最差。
>　　文王再问：那么为什么你最出名呢？
>　　扁鹊答说：我长兄治病，是治病于病情发作之前。由于一般人不知道他事先能铲除病因，所以他的名气无法传出去，只有我们家的人才知道。我二兄治病，是治病于病情初起之时。一般人以为他只能治轻微的小病，所以他的名气只及于本乡里。而我扁鹊治病，是治病于病情严重之时。一般人都看到我在经脉上穿针管来放血、在皮肤上敷药等大手术，所以以为我的医术高明，名气因此遍全国。
>　　文王说："你说得好极了。"
>
>　　　　　　　　　　　　　　　　——寓言《扁鹊的医术》

　　这则寓言中，编者的潜台词很明确：事后控制不如事中控制，事中控制不如事前控制，而后者可以将危情降至最低。现代生活同样如此，只是危情的范畴由个人生死无限地放大了。

许多重大危机的爆发、决策的失误在于决策者未能树立正确的风险认识观,"亡羊补牢"的弥补措施于事无补。人们对待设计风险的态度同样如此。因为设计风险的隐蔽性,使设计决策者更难对风险问题作出清晰的判断。

企业发展的各个层面、各个时期都存在大大小小的风险,分析设计风险涉及的具体人、事、关系,将帮助我们寻找风险分析的一般方法。其中,认识设计风险的分担、规避与化解的具体内容,是日后建立设计风险实例资料库和确立设计风险对策研究方法的第一步工作。

5.1 预见风险

设计风险是隐藏在企业中的不确定性因素,如果没有一定的条件刺激,不确定性就一直呈现隐性状态,但是这种不确定性会在特定的条件下演变成风险,进而转化成危机。对风险的判断,实际包含"预测"和"决策"两部分内容。

经济学家们认为,面对风险的时候,人们的选择总是理性的。卡尔曼(Kahneman)与特维斯基(Tversky)长期合作研究经济学原理,被称为行为经济学的创始人。他们认为由于人在认知上的偏差会影响决策的结果,并将心理学知识引入经济学,提出风险决策的"预期理论",这个理论对传统的风险决策理论作出了修正。"预期理论"合理地解释了面对"获得"与"失去",决策主体对待风险的态度。

"预期理论"归纳出三个基本理论观点:

面临"获得",人们倾向于"风险规避";

面临"损失",人们倾向于"追求风险";

获得和损失是相对于"参照点"而言的。

预期理论揭示出人们对于风险的一般态度,对于大部分中小企业而言,企业的利益是运转的中心,所以会更趋向于选择一种低成本、低投入与低风险的企业策略来获得企业利益。但是当企业面临损失,企业则趋向于选择追求风险。而"参照点"则与企业自身状态(如年报同比增长、下降等数值)、同行业企业状态(如各家所占市场份额数值)及社会经济状态(如经济高速增长、经济危机)等息息相关。此外,这个参照点还折射出"回报"与"风险"之间的平衡关系。合理分配"回报"与"风险"两大基轴,能够为企业厘清风险分担、规避和化解的路径。

上个世纪八十年代中期,市场消费品短缺时代的来临为中国中小企业提供了快速成长的环境,而世界制造中心向中国的移动,也为中国企业的成长打开了一扇门,这些企业很快从无市场、无消费者、无资本积累的状态转变成拥有先进生产技术和管理流水线的中小企业,只要接到订单,完成生产任务,就会安全地"获得"企业生存的资本。充足的市场需求、明确的订单业务和完善的生产过程,大部分的企业倾向于保守的态度。"万"的"设计模式"作为中国中小企业的典型代表,其对待设计的态度被视为被动规避设计风险的有效策略。在上个世纪末,市场需求的不满,稳定的客户订单和丰厚的利润也导致企业将以"获得"为主要目标,这种保守的做法让企业在一段时间内处于比较安逸的状态。

随着市场的饱和、激烈的竞争,原本许多企业通过代工生产的模式获得企业的基础成长,当他们面临新一轮发展时,他们将面对许多不确定性因素,包括竞争市场、饱和的消费者、新技术等,这些因素的变化都影响企业的发展,如果企业忽视这些因素,终将被淘汰。所以,一旦企业面临不确定的外界,面对必然的"损失"或不确定的市场时,企业更倾向于主动规避风险。企业面对"获得"与"损失"时的态度也决定了企业的决策,这也是企业发展中的一般风险决策分析原理。成熟的企业决策态度,则极有可能成为化解风险的领军者。

5.2 设计风险的分担

设计风险的分担包含着一种复杂的平衡关系,企业若能在这种关系中找到平衡点,必然会分担企业的风险。在这个平衡关系中,有企业内部的设计风险分析、设计的输出对象——消费者的风险,对这些因素中的设计风险进行分解,实质上就是在分担设计风险。

消费者风险

来自芬兰的诺基亚,一直代表芬兰国家的品牌形象,但是,近年来诺基亚在芬兰本土的销售额从76%降至31%[①]。销售额的下滑也显示了这个本土品牌正遭受到来自外来品牌的威胁。特别是来自苹果公司的IPHONE手机。诺基亚一直是手机市场中稳坐榜首的领先企业,在很长时间内引导手机行业的领头角色,诺基

---

① 李邑兰."除了诺基亚,芬兰还有别的"——"世界设计之都"与芬兰"国家形象"制造. 南方周末,2012年4月.

亚在手机设计上的传统与坚守没有得到追求新奇的消费者的青睐。所以，设计承担的是一项风险的任务，这个任务的核心在于要体验消费者的需求和感受。

"设计师的困境在于数学的绝对和专业的经验判断之间的冲突。在设计中管理的角色是很清楚的，那就是鉴别风险，并为风险作好准备以及如何减低风险"①。那么，如何分担企业中的设计风险？首先就是要认识设计风险中可以被分担的环节，消费者作为设计的使用者，在这个环节中起到很大的作用。

消费者在面临购买选择的时候会进行购买风险分析，这些分析过程决定了该产品能否被消费者所购买。消费者的购买行为完成分担了设计师的风险。那么，购买的行为决定了设计师面临着消费者的购买风险。如果要降低消费者购买的风险，就要分析消费者在购买过程对风险分析的原因。

消费者购买的过程实质上是在进行一场冒险之旅。当购买完成后，产品的设计风险也随之减少。消费者购买的过程一般可以分为：需求、信息、评价、决策、购买等几个阶段。这些阶段将影响消费者风险的产生程度，当顾客拒绝购买或迟疑，那说明该产品影响了消费者的风险感知。只有产品的风险降低到顾客可以接受的程度顾客才会购买该产品。事实上，感知消费原理是企业用于揣测消费者购买行为、开展企业营销的一种手段。设计师从消费者的角度可以分析何种产品能符合消费者的需要，从而进行更加有效的设计和销售。

---

① Robert Jerrard and David Hands, Design management — Exploring fieldwork and applications, London, New York: Routledge, 2008.

通过对消费者购买过程中的风险分析为设计师提供设计的方向，通过设计降低在购买过程中产生的风险，这些考虑的内容包含产品风格、使用功能、品质、价格、个性等因素。所以，在对消费者的考察中，厘清消费者在购买中的迟疑点和明确点，设计师能更好的通过设计来降低这些风险的产生。

企业内部设计风险

企业运转是通过许多环节的链接来实现价值，研发、生产、管理、营销、消费构成了企业的基本程序，设计在这个程序中贯穿始终。企业运转的每个环节都会生成大大小小的风险，如生产质量风险、资金风险、营销风险等，在这些风险中，有些是微风细雨，有些则是暴雨雷电，根据不同的严重性会对企业产生不同程度的危害。若想更好的分担企业风险，我们需要对企业风险进行排序，从中分离出设计风险。

企业产品定位的错误会造成滞销的风险，生产技术的落后会带来成本风险，消费者风险影响企业的市场销售，通过对消费者感知风险的控制能极大的降低市场风险。设计创新作为企业发展的核心推动力，对设计创新中的风险分担，对于分解企业的风险链有很大的作用。

经过对消费者购买中的风险考虑因素进行了解之后，设计师需要根据特定的细分群体和特定需求展开设计过程。流畅合理的设计程序都能减低设计风险的发生率，而设计主体在每个环节中的准确设计能防范风险的产生，将风险最小化。

事实上，企业内部运营中最大的风险来自产品设计。产品设计的成功与否将决定产品能否在进入市场后被购买，产品的核心地位决定了企业的利益。所以，对于产品设计中的风险进行化解将极大的分担设计风险。

由中国人创建的家居服装品牌"索菲亚裁缝",面对的是西方消费者的市场,由于与中国人不同的家居生活方式、习性,设计师的设计是建立在了解消费者的生活需求之上,才能确定产品的开发方向,这也决定了产品设计中的风险所在。设计的程序是:搜集相关的产品资料,掌握消费者的使用习惯,之后进行产品的设计生产。通过准确搭配产品布料、成本控制、使用功能定位、市场营销、合理的产品价位等,这些程序降低了产品生产过程中的风险,而销售过程中的回馈也成为对设计风险规避的监视窗口。在这个过程中,产品策划与设计不再是设计师一个人的事情,而是市场部、生产部、营业员、消费者都参与设计的过程,共同营建的一个系统工程。在这些程序中,如果一个环节的定位不明确,都有可能造成企业的风险。

分担风险的目标是避免不确定性因素在未来发生的可能,降低事件带来的负面影响,提高事件的正面影响。通过对消费者和企业内部的设计风险进行分解,确保设计的安全性。

从某种角度而言,分担风险,实质上是延伸了设计的边界。

5.3 设计风险的规避

风险规避是风险应对的一种方法,规避风险并不是完全消除风险,而是通过风险预测来消除风险发生的条件,以此来减少损失。风险规避可通过两种方式来实现,一是降低损失发生的几率,这主要是采取事先控制的措施来防止风险发生的可能性,将风险扼杀于摇篮中,这也是主动规避风险的措施;二是降低损失的程度，这个部分包含事先控制和事后补救两个方面。

相比较企业的生产管理风险、技术风险、金融风险而言，设计风险是无法用常规的风险工具来评估的风险种类，因此对于设计风险的规避也会有特定的方式。设计风险规避可以通过企业运营中产生的设计风险变更来消除风险产生的因素，以使设计目标不受到影响。

但是，面对设计风险，企业该如何规避？人们对于风险规避的逻辑又是如何形成？揭开风险决策的原理问题也是揭开企业面对设计风险不同表现的基本问题。

设计风险规避包括完全规避风险、设计风险转移、设计风险自留等几个类型，而这几个类型是对应不同的设计风险而出现的规避措施。

完全规避风险

不论是浙江的"万"企业还是东菱企业，企业成长期的代工与贴牌生产对于大部分企业而言，是最安全的一种运营模式。通过跟随先发企业和已有市场的先发优势来获得自身的成长，企业能在一个暂时稳定的环境中获得安全的成长，这也是处于贴牌代工时期企业面对设计风险的一种规避方法，即完全规避风险。在这种规避方法下，企业将风险降至最低。

在企业处于贴牌代工时期，企业的风险主要集中于如何保持上游企业的订单数量和控制生产过程及成本的风险，此时避开设计中的高风险领域，为企业赢得较大的优势。所以，企业只要能紧紧跟随先发企业的技术，保持好与客户的关系，就属于安全的。但是企业在评估设计创新时总会主动躲避设计风险，尽管这种规避方式丧失了带来高效益的机遇，却可以避免企业潜在的或不确定性的损失,是一种完全规避设计风险的方式。

设计风险转移

除了完全的规避外,大部分企业采取了设计风险转移的方式。与完全规避设计风险企业不同的是,采取设计风险转移的企业大部分已实现基本的资金、技术、管理经验等积累,企业欲寻求更大的发展空间。

贴牌代工起家的东菱在转型自主品牌之后的一段时期,并未完全转变成自主设计和创新模式,企业仍接受订单为国外企业做产品代工。贴牌代工带来的经济效益也转移了企业自主品牌设计所带来的高风险。这个转型的阶段实质是设计风险转化的一种模式。

"万"企业在经过十几年的贴牌生产积累之后,开始拥有自主的品牌,企业也通过这些品牌进入国内二、三线城市的商场。但是品牌的成长需要时间去培养,由于缺乏对品牌的设计与推广,自主品牌目前为止尚未能给企业带来很大的市场收益,所以企业最大的经济效益仍是来自于接受代工订单做贴牌生产。"万"企业通过贴牌代工中产生的利润来补偿自主品牌带来的设计风险或损失,期望能以此来赢得自主品牌的优势。

对于大部分企业而言,保持安全性是企业的期望,这也是许多企业在早期选择代工、模仿等模式的原因。在企业的成长中,寻求经济的发展是企业的本性,在这两种关系中,企业将发展过程中产生的设计风险进行适当的转移,通过已有的资源来为未来的发展买单。

设计风险自留

从设计模仿到设计改良,设计创新的渐进式发展可以使设计风险进行转化，但是对于直接从设计模仿跳至设计创新阶段的企业来说，大部分的风险无法通过其他的渠道来分担，其中产生的风险只能自己承担，这就是另一种措施，即风险自留。

设计风险自留是企业以内部的资源主动承担全部的设计风险，当然企业的承担存在理性与非理性之分。

澳珀公司的前身是板式家具生产制造企业，一夜之间，公司结束大规模的代工生产，沉寂一段时间后，企业直接跳至自主设计。之后的三年企业一直处于亏损状态，但是企业家已经准备了足够的资金、资源及心理准备来面对设计风险带来的损失。这种风险自留是很重要的设计风险管理方式。澳珀在转型前，对设计风险以及其带来的损失进行全面的评估，对该风险进行有计划的规划，并且已做好面对所有风险的准备。在经历三年的亏损之后，企业逐渐转亏为盈，而设计风险从亏损的结果转为盈利，设计创新逐渐为企业赢得消费者的关注，赢得市场的先机利益。所以，有计划的设计风险自留能让企业渡过风险期，澳珀在看到板式家具生产的困境之后，毅然选择自主设计创新的方式，成功渡过危险期，并将设计风险转化为机遇。但是，并不是所有的设计创新都会带来高效率，无计划的设计风险自留也可能让企业面临倒闭的结局。

风险与收益总是相生相伴，试图完全规避风险则意味着完全退出市场。对于企业而言，这并不是最优的风险应对策略。

鲍伯的设计风险研究报告中指出尽管风险存在很大的危害性，但是一些学者很久前就在管理领域认识到风险的积极部分。比如彼得斯（Peters，1998）明确认知到在设计和其他创新性行为中包含风险的价值①。设计创新尽管包含着高投入和高风险，但是正确的设计风险管理却能将设计风险转化为设计机遇。设计风险大部分是与新技术、新设计的决策相联系，这些设计决策在变化的环境中未能得到确定性的信息和预测结果才导致风险的存在。具有风险意识的设计师通过设计的直觉和技术在市场中进行的决策，再经过设计研究与技术测试之后，其产品能减少市场的风险，使设计创新真正成为企业变革的推动力。

5.4 设计风险的化解

长尾战略：通过资源整合化解风险

由克里斯·安德森（Chris Anderson）发现的"长尾经济"（The Long Tail）② 理论揭示：一个个不为人所注意的零碎市场有可能在一个特别策划的框架之下一跃变为巨型市场，这就是所谓"长尾翻身"的奇迹。然而被一般人视为无价值的"长尾"部分何以为精明的品牌经营者所选中，这其中又包含着怎样的必然性？长尾经济带来的价值是否能为企业规避风险？在传统工业经

---

① Robert N. Jerrard, Nick Barnes and Adele Reid, Design, Risk and New Product Development in Five Small Creative Companies, International Journal of Design, April 1, 2008.

② 长尾理论：美国连线主编克里斯·安德森（Chris Anderson）提出，最初是用来描述诸如亚马逊和 Netflix 之类网站的商业和经济模式。由于成本和效率的因素，过去人们只能关注重要的人或重要的事，如果用正态分布曲线来描绘这些人或事，人们只能关注曲线的"头部"，而将处于曲线"尾部"、需要更多的精力和成本才能关注到的大多数人或事忽略。

济领域存在着一个经典的法则：80/20法则（The 80/20 Rule）①，即20%的产品能带来80%的销售额，而80%的产品却只能带来20%的销售额。但是，在丰饶经济社会中的"长尾经济"理论改变了一直被"80/20法则"所统治的市场。

长尾理论最初诞生于互联网的商业与经济模式，而"ZARA"的故事正是长尾理论的力证，这一品牌将长尾理论延伸到其他产业中，证实了嬗变的可能性：仅仅拥有30多年企业史的"ZARA"洞悉到时尚行业中设计创新对于品牌的价值，企业以低成本的设计模仿为主要设计手段来获取世界最时尚的设计资源，通过整合能力开辟出符合自身发展的长尾市场，企业以资金优势来主动规避设计原创中的风险，这也让"ZARA"形成成熟的风险化解方案，并可以以周全的准备面对变化的市场，这是建立在对自身的资源、技术与行业对手、市场有充分把握的策略之上。

"ZARA"在一年中能推出12000种服装，但是严格控制每款产品的生产数量和每个专卖店销售数量，通过"多品种，小批量"的方式创造了服装企业"品类短缺"的现象，"ZARA"的这种运营模式正是丰饶社会中出现的长尾样板。品种的丰富性是长尾策略中的法则之一，由于货架空间和生产成本的限制，传统产业的大规模批量的生产主要关注于20%的热门和单一的产品，

---

① 80/20法则：19世纪意大利经济学家帕累托提出，因此也被称为帕累托法则（Pareto Principle），是管理思想领域最重要的概念之一。80/20法则认为：原因和结果、投入与产出、努力和报酬之间本来存在着无法解释的不平衡，若以数学方式测量这个不平衡，得到的基准线是一个80/20的关系。帕累托最初用80/20法则阐释社会学结构特征，后来发现几乎所有的经济活动都受该法则的支配：如20%的努力产生80%的结果，20%的人口与20%的疾病会消耗80%的医疗资源，等等。

而放弃了其余利基产品①的生产,将主要精力放在最热门的产品上。而以模仿世界顶尖设计师为设计来源的"ZARA"产品囊括了当下热门产品,"ZARA"也作为长尾的"集合器"将触角伸向20%之外的80%市场中。少量、多类、大面积覆盖的产品模式让"ZARA"在短短的几年内创造销售奇迹。此外,"ZARA"的灵敏供应链条提高了"ZARA"从设计到成衣上架的时间,从最短的7天到12天,这在从一件服装至少要经过三个月到半年的时间的传统服装企业中,创造了服装行业中的快速神话。"ZARA"花巨资建立的独立产品生产和供应链在产品上市的时间和成本上获得巨大的优势,而这些优势是传统产品最重要的成本与效益因素。"ZARA"的长尾策略让其在极度饱和的服装市场中脱颖而出,创造出充足的货架空间、充足的流通渠道、充足的设计资源以及提供给消费者充足的选择。

长尾策略作为管理思想中的重要理念之一,对于解释丰饶经济中的企业策略提供了有利的理论指导。但是,长尾经济价值的浮现并不是显示热门市场的衰退,而是揭开更广的市场空间,将目光更多地投向未曾被发掘的市场中。多种类的产品设计和生产增加了企业的成本,"ZARA"通过模仿知名设计师作品、快速的生产能力、提供充足的货架空间得以降低了企业的设计风险和成本风险,对于资金雄厚的"ZARA"而言,这种模式揭示了最佳的企业发展方向。

---

① "利基"一词是英文"Niche"的音译,意译为"壁龛",有拾遗补缺或见缝插针的意思。菲利普·科特勒在《营销管理》中给利基下的定义为:利基是更窄地确定某些群体,这是一个小市场并且它的需要没有被服务好,或者说"有获取利益的基础"。

随着技术的发展和消费产品的饱和，市场从集中产品市场向分散产品市场转变，大规模的市场正转化成无数的"利基市场"，长尾理论为企业揭示了一个个被大家忽视的"利基市场"的存在。大部分企业关注的都是热门产品和热门行业，而对于"利基市场"并不重视。但是在市场中存在的"利基市场"却占到整个市场的很大份额，如果能将这些"利基市场"集合起来，那么将产生巨大的市场空间。

长尾理论是经济成本最低运行的表现，对于资金、技术不能与大型企业匹敌的中小企业来说长尾意味着新的市场空间，而长尾中的每个小市场对于成本的要求也没有满足大众的市场高，这种低成本的运行降低了中小企业的设计创新风险。由于"利基市场"的夹缝特性，也将诞生更多的设计创新机会，"利基市场"的存在也是酝酿创新产品设计的肥沃土壤，也是设计创新的摇篮所在。

精明的经营者会发现长尾中蕴藏的需求和潜力，发挥"集合器"的功能，主要针对"利基市场"采取策略，形成"利基市场"的新产品设计，而这将极大降低与大企业产品设计的竞争风险，同时发挥企业的创新性。"ZARA"敏感地关注到各种设计风格的消费群体，关注到这个消费群体中"以大众的价格享受大师设计"的需求，将各种优秀的设计资源容纳到旗下，将零碎的个体市场变成新的"大众市场"，将其整合成巨大的市场利润，这为企业提供更广的产品空间，避免竞争强烈的产品设计风险。成功的长尾企业最终将能把不被人所注意的产品市场变成新的热门市场，而企业也将成为该利基产品的市场领导者。

长尾理论是丰饶经济中一种规避风险的企业策略，对于该策略的选择是企业对市场环境与自身条件的准确把握才形成的。但是长尾理论并不是否定传统的 80/20 法则,而是为丰饶市场下的中小企业提供了一种新的思路和发展途径,随着长尾产品的成熟,这部分产品也将让企业走向主流。

相对于大型企业而言,中小企业由于企业规模、技术、研发投入的有限,其抵御设计风险的能力较弱;同时,中国中小企业中存在模仿先发企业产品的跟随策略,这导致这部分企业已落后于企业市场先机,在竞争中处于不利形势。由此,在参与众多企业的竞争中,中小企业应当认识如何将自身劣势转变为优势,同时以自身的能力和技术开辟适合的长尾市场,这对于中小企业来说也未尝不是一种有效的策略。

寻找蓝海:通过市场创新化解风险

2005 年 2 月,哈佛商学院出版了 W. 钱·金(W. Chan Kim)和莫博涅(Mauborgne)合作的专著《蓝海战略》(*Blue Ocean Strategy*)[①],引起世界范围的广泛关注。在这本书里,两位管理学领域资深学者用了 15 年时间收集资料、提炼观点,向我们展现了一种全新的且可以操作的企业经济增长办法。

在蓝海战略中提出,现有市场分为红海市场和蓝海市场:"红海"是指现有的、已知的、竞争极端激烈的市场,而"蓝海"是一个有待开拓的、未定型的、与传统竞争战略有所区别的市场,这种区别主要建立在企业自主创新与差异化运作策略的制定上。寻找蓝海,意味着企业需要将视线超越竞争对手,超越现

---

① W. Chan Kim, Mauborgne. Blue Ocean Strategy [M], Harvard Business School Press, 2005.

有市场，以买方多层次的需求分析为基本坐标，凭借其创新能力获得更快的增长和更高的利润。

根据金和莫博特的分析，蓝海以战略行动（Strategic Move）作为分析单位，战略行动包含开辟新市场涉及的一系列管理行为，同时，两位作者指出价值创新是蓝海战略的基石。企业应将创新与效用、价格与成本整合一体，不是比照现有产业最佳实践去赶超对手，而是改变产业景框重新设定游戏规则；不是瞄准现有市场"高端"或"低端"顾客，而是面向潜在需求的买方大众；不是一味细分市场满足顾客偏好，而是合并细分市场整合需求。通过这种分析，重塑企业的战略结构，进而重塑现有的市场结构。

在中国，以中小企业为例，大部分是以制造加工为主，企业不需要主动出击，最大的运营动力来自成本与收益之间的权衡关系，这确实为企业降低了设计创新带来的风险，但也使企业不可避免陷身红海，难以抽身。此外，由于中国中小企业的后发性，也导致企业一直处在血腥的红海中挣扎，随着市场结构的改变，这一事实将导致企业走向毁灭。但早在上个世纪九十年代初，其实已经出现了积极寻找蓝海的中国企业："澳珀"从板式家具火热的"红海"市场中抽身而出，转向设计生产以非洲乌金木为主要原材料的产品，当时这块领域是空白，通过产品的设计创新，在家具行业中寻找到自己的"蓝海"；"奥飞动漫"从动漫周边产品仿制大潮中退身转向自主研发和产业创新的道路；东菱在关键时刻放弃贴牌代工的模式而转向对企业自主设计的探索；毅昌在中国工业设计薄弱的情况下，坚持以工业设计引导产业发展，走上了设计创新带动企业发展的道路……这些企业的每次转型都是在规避生产制造的风险。企业能否寻找到自己的蓝海,这也意味着企业能否成功规避生产制造相关的风险。以设计模仿和贴牌代工为主的企业,如果继续按照既定的规则和模仿策略,将很难继续存活,这对于维护市场的秩序和成熟发展而言,倒未必是件坏事。而具备模仿、学习、原创等多种发展品质的企业特质和服务对象,如果能够被设计管理者仔细分析,开拓适合企业的生存空间,则有可能由点及面,带动整个中国中小企业业态的转变。

6 有备之险——设计风险应力学

> "风险不再是机会的阴暗面,它们也是市场机会。与风险社会发展相伴随的是那些因风险受折磨的人和那些得益于风险的人之间的敌对。"
>
> ——乌尔里希·贝克[①]

6.1 设计风险应力机制

设计风险应力机制实质是解开设计如何为企业化解风险的关键所在。企业在不同的发展阶段中隐藏着不同的风险内容;企业家与设计师作为不同的决策主体,各自面对不同的风险,如何在这些不同的主体和模式中找到设计风险管理的规律,也是找到应对设计风险的钥匙。

每个企业的运营存在不同的设计风险问题,在不同模式的企

[①] [德] 乌尔里希·贝克. 风险社会 [M]. 何博闻, 译. 南京: 译林出版社, 2008: 152.

业运营下会有不同的解决方式。朱小杰作为企业家与设计师的双重身份在面对问题时会有不同的职能考虑。企业的生存和设计创新是两个角色所要承担的工作,但是这两者之间存在矛盾性。设计创新的失败也必将导致企业的倒闭,而解决企业的生存可能牺牲创新的设计。这些都是澳珀面临的决策问题。在澳珀转型之后,澳珀一直坚持以设计创新作为企业的主导,朱小杰坚持通过设计创新来解决企业中其他的风险,企业的技术、管理、销售等都是围绕设计为中心而展开,以设计的价值化解其他层面的风险。

企业家分担的是企业的运营风险,而设计师则分担着企业的设计风险,两者在一个企业中如何发生作用?这个问题成为设计风险化解的关键所在。设计风险应力学,主要是指设计风险作为一种隐性或显性的事实,对企业家、设计师、消费者可能产生不同深度和不同效果的影响,为了能够应对、化解设计风险,企业、设计师、消费者及至整个社会可以采取主动性策略,实现风险的良性转化。

6.1.1 责任主体自觉

设计师责任:通过原创设计化解企业风险

从乌金木起家的澳珀企业,早期主要以乌金木为材料进行家具设计和生产,但是企业在获得消费者的品牌认知和市场认知,朱小杰在站稳乌金木的家具市场之后,开始研发家具与各种材料的结合,甚至将触角伸到与国外设计师的合作中,其中包括与丹麦设计师罗娜的合作,带来乌金木与皮革、毛皮的联姻,推出了罗娜凳、罗娜椅、兔椅等新产品;与温州的瓯窑合作推出"瓯江水鸟"的青瓷品牌,与瓷器进行跨界合作。这些举措都意味着新的领域与新的投入,也意味着新的风险。

在许多人看来,澳珀公司只要独具特色与创新性,坚守乌金木市场就能维持稳定的企业利益,新产品的研发所带来的高投入和开拓性的设计创新行为对于企业意味着冒险,因为研发新产品意味着新的市场和新的消费者,还有许多未知与不确定性。但是在澳珀企业中,企业的核心在于设计创新,从某种角度而言,澳珀的原创设计化解了企业面临的各种风险,尤其是市场风险。

图6-1 罗娜椅

图6-2 罗娜凳

图6-3 2012米兰皮草展

"如果我们能将设计作为成功的一种决策,对其进行设计投入,这会让风险变得很小。"[①] 澳珀企业的设计行为为企业降低了企业风险。设计活动与设计风险相伴随,设计的介入将改变风险的发生和结果,绝大部分的设计师认为高风险的设计创新提供了企业与其他企业进行区隔的机会,但是这种感知大多时候却并未被公司中的其他人所共知,特别是那些关注利益为主的企业家。

在现实中,设计师要面对风险、挑战风险,同时又不至于让自己身陷风险泥潭,那么就要和企业共同面对风险,并规避风险。设计创新作为企业过程中最具创造性的部分,设计师承担着为企业化解创造性方面风险的任务。

代工与贴牌企业中,设计师的职能是解决产品的外观形式、产品功能、材料、价格等问题,通过设计模仿行为来为企业消解消费者购买时的不确定性因素;但是当设计进入企业的决策核心,设计师的角色将发生很大的变化,设计决策将决定企业的定位、发展目标、产品风格等因素,这些都将决定设计决策对于企业而言是风险还是机遇。

设计师作为风险的承担主体之一,通过设计活动在过程中将设计风险因素化解于其中。

企业家责任:通过营销战略化解设计风险

2008年11月,在经济危机即将蔓延到中国家具行业时,浙江富德宝的企业家林潘武消失了半个月。等他再次出现人们视野

[①] Robert N. Jerrard, Nick Barnes and Adele Reid. Design, Risk and New Product Development in Five Small Creative Companies. International Journal of Design, April 1, 2008.

里的时候,他调整了企业的销售策略:放松一、二级市场,紧抓三级市场。这个决定让企业员工不可思议。这个异于常规企业的决策却是经过企业家根据自身的发展状况,实地调研和深思熟虑之后作出的决策。目前,已经成为业界细分种类品牌,而富德宝在三级市场的产品总量已经占总产量的70%,在其他企业仍面临市场衰竭的困境时,事实证明该企业家的决策为企业成功化解了风险①。循着这个细分市场的策略,富德宝细分出针对城市小资、外贸等细分市场的品牌,针对不同的消费者设计与生产更加细分的产品。这种细分策略让富德宝在近几年的家具市场中保持稳定的发展趋势。

坐落于江苏省扬州市的"扬州漆器集团"是目前握有地方著名产品和专有权的生产商和经营商。在上个世纪九十年代,国家基本停止对传统手工艺行业的行政补贴,大部分传统手工艺行业进入市场调整和转型时期,而地处南方的扬州漆器厂市场环境经受了重大的变化。一度陷入困境的扬州漆器厂由单纯的"等待"时机转变为主动的"创造"时机,从历史文化"借势"、到重塑品牌"造势"、到综合产业"运势",这一系列的策划与运作使"传统漆器"字号在当代市场环境条件下重新成为激发市场活力与企业创新的大旗。扬州漆器厂的成功转型与其管理者通过造"市"来化解企业的产品研发所带来的风险是分不开的。所以说,企业家的决策很大程度决定企业是否面临风险。

美国管理学家彼得·德鲁克说过:"许许多多成功的创新者和企业家,他们之中没有一个有'冒险癖'。……他们之所以成

---

① 《温州家具》,2009年3月。

功,恰恰是因为他们能意识到风险,并把风险限制在一定范围内,恰恰是因为他们能系统地分析创新机会的来源,然后准确地找出机会并加以利用,他们不是专注风险,而是专注机会。"[1]成功的企业家不是盲目面对风险,而是根据企业的利益来选择战略方向,而这个过程就是风险的承担过程。

企业家的每一次决策将企业推向不确定的未来,而企业家战略的成功必将提高对风险的承受力,这也是增加企业机会和绩效的途径。贝姆-巴威克定律[2](Boehm-Bawerk's Law)认为,现有的经济手段只有通过更大的不确定性,即更大的风险,才能提供更大的经济成果。但是在这个过程中,企业家必须在各种选择中作出理性的决策,而不是根据自身的直觉、预感等不确定的感知来进行不确定的企业规划。企业家理性且具备知识性的决策将影响企业能否将风险转化为机遇。

有些企业家在领导岗位时,风平浪静,有些企业家在位时却危机重重,这都需要企业家承担责任,以自身具备的综合素质来进行决策,调整价值观适应社会需要。企业家与设计师作为不同的决策主体,各自面对不同的风险,企业家与设计师运用自身的知识储备在各自的职能范围内化解企业的风险,这也是以创新经济为特征的当代社会对这两个领域人才提出的新的要求。

---

[1] 吴涛. 技术创新风险的几个基本特征及风险管理对策. 科学管理研究, 2000 (1).

[2] 王颖. 制定企业战略须走出3个误区. IT时代周刊, 2006 (9).

6.2 外部性经济与设计贡献

不论是代工制造、模仿与改良还是设计创新型企业,实质上是企业的设计创新与外部经济进行博弈的过程。外部性就是指一个人或一件事情在活动中对周围产生的影响,也称外在性或溢出效应[①]。外部性现象存在于生活的方方面面,在一个集体中,好的榜样能带动整个集体的进步,反之,坏的榜样也能在集体中产生潜移默化的不好影响。如果产生好的影响就是正外部性效应;若是不好的影响,那就是负外部性效应。外部性是出现在经济领域的词汇,往往指向企业资源的外溢,当"资源"的"公共"特征越来越明显的时候,外部性的作用也会越来越大。

6.2.1 当设计成为公共品——设计的外部性

中国企业中的设计成长三部曲是企业选择与设计风险博弈的结果,从代工与贴牌、模仿与创新到自主创新的阶段中,设计的经济性逐渐被企业认识和接受。不论是家庭作坊中的样品仿制还是企业中的改良设计,企业通过对先发企业的产品模仿或在模仿

[①] 外部性可从外部性的产生主体和外部性的接受主体两个角度来定义。前者如萨缪尔森和诺德豪斯的定义:"外部性是指那些生产或消费对其他团体强征了不可补偿的成本或给予了无需补偿的收益的情形。"后者如兰德尔的定义:"外部性是用来表示'当一个行动的某些效益或成本不在决策者的考虑范围内的时候所产生的一些低效率的现象。'也就是某些效益被给予,或某些成本被强加给没有参加这一决策的人。"上述两种定义本质是一致的,即外部性是某一经济主体对另一经济主体产生的外部影响,并且这种外部影响对单个经济主体来说意味着其行为的社会成本与私人成本、社会收益与私人收益的不相等。

中的创新来赢得市场空间,这个时期由于设计的特殊性也导致其成为公共资源被众多主体所使用。当设计领先或技术领先企业将设计创新的产品推向市场,许多跟随者即刻可获得设计的样式和材料等信息,从而投入快速的生产和制造中。该设计成为众多企业的模仿对象,这也说明设计本身可被作为一种公共资源所使用。由于设计自身的特殊性和经济性,设计成为被众多主体选择的"公共品"资源。

当设计成为影响周围发展的"公共品"时,它就具有了外部性效应。

知名设计品潜在的"公共"特性及强大的市场影响力,让"相似性设计"成为众多跟进企业集体的选择,通过外观模仿、细节改造等方式进行设计跟进。如此看来,设计模仿并不是单纯的企业之间竞争行为,在其背后揭示的是设计的影响力问题,即"外部性"问题。

在外部经济中,每个经济主体的决策都将以个体为中心,而这些个体的活动都将在市场中发生。领先型企业的设计资源的外溢导致其外部性问题,而跟随型或模仿型企业则从中获得了溢出的效益,"ZARA"的设计师在每次时尚界的发布会后,对世界知名设计师的作品的抄袭或模仿为企业获得源源不断的设计资源,从而保持品牌的快速时尚和平民时尚。尽管"ZARA"的设计模仿行为被同行业的企业所不齿,但是设计模仿为它回避了设计创新带来的各种风险,也是企业在面对市场所采取的最低风险的决策。对于后发型企业而言,设计模仿是快速缩小差距的途径,也是获得稳定发展的重要途径。

经济行为的中心是利益,很多企业通过借用外部资源来实现自身的生存和经济快速增长，这种"擦边球"的行为损害了先发企业的利益。对于先发企业来说，跟随型企业通过模仿获得技术利益与市场利益，这种做法导致其利益受到损害，对先发企业而言会产生负外部性效益；对于跟随型企业来说，在设计模仿中获得了成熟的技术引导和市场效益，有可能形成正外部性效益。企业发展的差距也造成不同企业间的外部经济问题出现，这些问题有时犹如散兵游勇各自存在，有时则在不同平台发生碰撞、交织，生发更多问题。

对于大部分中小企业而言，自主研发无异于意味着巨大的成本与高风险，而国家研发体制的缺乏和不成熟，也让企业的自主研发之路步步维艰。设计创新需要高投入和高成本，面临着高风险的结果。在中国的民营企业中，大部分企业处于中小规模，其创业规模、设备、人力资源等现实条件决定了企业无法引入高技术和高附加值的设计理念，企业的设计、研发、市场营销等能力得不到刺激，也难以培训，知名企业的热销产品成为中小企业通过模仿行为快速获得市场权益的对象，通过这种途径快速赢得市场空间。另一方面，政府相应的扶持体制和研发保护机制的缺失，导致中小企业无法实行自主的升级或转型；知名企业开始意识到知识产权的重要性，作为创新型企业的设计创新资源不断溢出被跟随型企业所使用，但是不清晰的产权界定让设计创新型企业的设计创新资源得不到保障。这种外部性效应得不到政策的保护。在这一系列设计资源侵占行为中，会造成原创设计的市场获益减小，降低创新产品的技术含量和品质。原创产品为大众市场提供了大量资源的同时，也面临获益权的削减，这是创新产品面临的困境之一。

那么，如何给原创设计提供有效、合理的补偿和获益方式，令企业外部性经济趋于稳定，走向正值，这是设计创新企业面临的问题，也是跟进型企业应该了解的方法，这样才可能实现企业的主动发展。设计资源的流失，产权保护措施的漏洞，这些问题都建构了企业不主动走进自主设计创新的原因。

6.2.2 外部性内部化

经济学领域研究者出：稳定的外部性问题可以通过内部化来解决。

如何内部化？不同的经济学家有不同的看法。

英国经济学家庇古提出的"庇古税"，在外部性的内部化问题上占据着支配的地位，"庇古税"主张征税和政府政策的解决方式，至今在基础设施建设、环保等经济活动中被广泛使用。

但是由于"庇古税"中"征税与补贴政策建议"存在的缺陷，科斯提出了"交易成本"[①] 理论来弥补这种缺陷，这个理论是建立在"庇古税"的基础之上。科斯认为在交易成本为零的时候，如果产权清晰，那么侵权者和被侵权者就可以通过互相协商而解决问题，即补偿性的产权交易。这种模式也较大程度地保护了原创设计的获益权和利益；同时，原创设计能在合理的补偿

---

① 交易成本（Transaction Costs）又称交易费用，最早由美国经济学家罗纳德·科斯提出。他在《企业的性质》一文中认为交易成本是"通过价格机制组织生产的，最明显的成本，就是所有发现相对价格的成本"、"市场上发生的每一笔交易的谈判和签约的费用"及利用价格机制存在的其他方面的成本，交易成本理论的根本论点在于对企业的本质加以解释。由于经济体系中企业的专业分工与市场价格机能之运作，产生了专业分工的现象；但是使用市场的价格机能的成本相对偏高，而形成企业机制，它是人类追求经济效率所形成的组织体。

制度中为其余主体提供设计资源。"ZARA"每年为设计模仿行为准备几千万欧元的赔偿金给原创设计师。比起高风险的原创设计投入,"ZARA"提供给原创者的补偿性赔偿是企业降低风险的最佳策略,既获得了创新的部分资源,又补偿了创新企业的损失。而走在时尚前沿的设计大师也获得了高额的赔偿金,此外他们的设计也通过"ZARA"流入大众的生活中。双方通过协商的方式来达到各自的目的,实际是一种共生共赢的状态。这种模式的产生是互相协商的结果,但是这种关系的存在需要一个条件,那就是产权界定清晰。在原创者和模仿者之间协商的这种补偿性产权交易不仅保护了原创者的设计创新产权,同时原创者也获得了原创产品获益的多种可能。

2011年9月9日,在德国杜塞尔多夫地方法院就苹果起诉三星公司侵权平板电脑案作出裁决,认定三星"Galaxy Tab 10. 1"平板电脑抄袭了苹果 IPAD 的设计及核心技术,判决三星公司禁止在德国销售任何平板电脑及相关产品。

图 6-4　苹果 ipad2　　　　　图 6-5　三星 Galaxy Tab 10. 1

　　除了平板电脑,苹果与三星在智能手机的设计上也存在纠葛。这种侵权纠葛在其他企业之间也在上演着。不管结局如何,完善的产权制度是保障原创知识的权益。

西方国家完善的产权制度保护了原创者利益,也给予后发企业提供相应的生产和拓展空间,这种补偿性的产权交易是双方协商的结果,但这种补偿机制需要有明确的产权制度才能实施。在交易成本不为零的时候,外部性内部化就需要各种手段进行干预,如政府的介入,通过政府的干涉来解决双方的问题,而这也将牵涉国家的公共政策。

6.3 公共政策与法规完善

政策是阶级利益的观念化,每个阶层的政策必然代表某个阶层的利益所在,而国家公共政策可以最大化不同阶层的共同需求,实质是一个外部资源整合器,公共政策与相应的法律法规配合,可以帮助设计风险的责任主体更好地应对风险,实现优质资源的利用和整合。

首要问题:维权的悖论

知识产权[①]问题一向是热点问题,近几年国内对于知识产权的重视程度也日益增加,但是知识产权具体实施却容易忽略一些问题,这些漏洞也成为中国从模仿走向创新的几大障碍,这几个问题对于我们认识设计风险应力机制具有决定作用,因为它具有世界公约身份,任何企业和个人都无法忽视这一强大的约束网络。

---

① "在一定时间内保护人类智力成果不受他人使用的权利"。David Vaver, Intellectual Propery: The State of the Art, 32 VICT.. UNIV. WELLL REV. 1, 2.

"公示":时间陷阱

在我国,发明专利申请实行"早期公开延迟审查制度"[①],即专利局收到发明专利申请后,经初步审查认为符合专利法要求的,即于公布,自申请日起三年内,申请人可以请求实质审查,经实质审查符合专利性条件的,才能获得专利权。

根据我国专利法的有关规定,发明专利在正式授权前必须经过实质审查阶段,因此发明专利的保护事实上存在着三个阶段,即(一)从申请至公布阶段;(二)从公布至正式授权阶段;(三)授权后阶段。对于上述三个阶段而言,每个阶段都解决了知识产权申报的部分问题,阶段一,发明技术尚处于技术秘密阶段,阶段三则已经正式授权,所以发生争议时处理上问题不大;但对于阶段二,即申请专利公示期间的产权关系很多人并不熟悉[②]。目前《最高人民法院关于审理专利纠纷案件若干问题的解答》[③]的第二条对于"在发明专利申请日至公布日期间,是否给予专利保护的问题"作了明确规定,即"在发明专利申请日至公布日期间,专利法对提出专利申请的技术未规定给予保护。在此期间,他人将独立研制出的与申请专利的技术相同的发明付诸实施或者转让的,不承担侵权责任;但是,专利申请公布以后,继续使用该项技术的,依据专利法规定,则应支付适当的费用"。这说明在专利未公示之前专利不受法律保护,直到公示之后,受

---

① 早期公开延迟审查制度:1964年,由荷兰创设。各国规定请求实质审查的法定期限不同,大致2~7年。日本、西德、荷兰等为7年,澳大利亚等国为5年,巴西为2年,我国则为3年。

② 中华人民共和国知识产权局网站,http://www.sipo.gov.cn/sipo2008/

③ 《最高人民法院关于审理专利纠纷案件若干问题的解答》:1992年2月9日,由最高人民法院印发。

到法律的"临时保护"。

由于在"公示"期间存在大量专利被抄袭的现象，我国专利法特别提到"临时保护期"，即授权文本在公示之后到专利被授予的这段时间。授权文本具有法律上的保护效应，但是临时保护期间公开给社会的文本，包含申请专利详细的技术结构、设计创新部分以及详细的说明文本，这些文本都将在公示期间公开于社会，也就是说社会各个阶层都可能从公开文本中获知相关专利技术，但并非是完整的授权文本信息。有专家认为临时保护是专利的不寻常现象，因为申请人是否能获得授权需要一段时间的审查，如果最终未能被授权，那么该项技术被模仿或仿造都不构成侵权；只有在获得授权文本的情况下，申请人才能获得原创产品的保护和获益权。在没有获得专利权授权以前，不能要求使用人付费；只有获得专利权后才能要求支付使用费。在此期间，申请人的权利不是专利权，但又和专利权有关联。既然法律规定提供临时保护，它就拥有一种权利，但是这种权利与被授权的权利是不同的，是一种特别的权利，需要特定的条件才能行使。另一种观点则认为，法律对专利申请人提供的临时保护并不是权利，而是一种利益而已。在公示期间，他人使用申请人的公示文本中的技术，所获得的是不当得利，所以申请人要求使用人支付相应费用并不是侵权的赔偿，而是要求返还不当得利部分，所以这期间发生的模仿或抄袭行为不存在侵犯专利的说法。

与美国、日本相比，我国的公示过程虽然有所改进，却不够灵活。如《美国专利法》在1999年修订之前规定，专利申请在授权之前不予以公布，由美国专利商标局（USPTO）负责保密。为与《关贸总协定》保持一致，1999修订后的《美国专利法》规定，专利申请应当自申请日或优先权日起满18个月后立即公布，申请人也可以要求提前公布。与中国不同，美国的正式专利申请都要受到实质审查。然而美国专利商标局于上世纪末推出一种临时申请（provisiona application），对这种临时申请不进行审查，但在一年内必须转成正式申请，或者以此临时申请为优先权提出新的正式申请。由于不对临时申请进行审查，所以临时申请的要求比较低，发明人可以在发明没有完善的情况下提出临时申请，在一年内完成了发明后再提出正式申请。如果申请人提出临时申请一年后没有再提出正式申请，则该临时申请视为放弃。这样实际上也给申请人提供了选择申请是否要求审查的机会。[1]

由此可见，中国知识产权中的不明确的产权补偿条例和临时保护时期的模糊性给许多跟随者提供了"擦边球"的机会。这种漏洞实质上会造成先发企业中的创新资源的流失，也会造成创新积极性受挫，对于投入巨大成本和精力的企业而言是一种破灭性的打击。对于社会而言，并不利于营造健康的创新市场。

"反向工程"：侵权合法化

反向工程是指经营者通过正当和诚实的方式取得权利人的产品或设备，以及附属于产品或设备的说明书、用户手册等资料，投入资金、人力、物力等向相反的方向研究开发，通过分析其成分、设计方案等方法最终取得权利人生产该产品或设备所使用的

---

[1] 中华人民共和国知识产权局网站，http://www.sipo.gov.cn/sipo2008/

技术信息①。反向工程可以从市场购得产品，对其进行解构和分析，了解其工作原理或技术配方，然后在此基础上进行生产和制作。这种技术一旦被竞争对手所掌握，那么企业的秘密性也就消失了，原权利人相应的权利也就不存在了。

合法的反向工程是正当获得技术的一种手段，通过这个途径获得的商业秘密不构成侵权，但是通过这种途径获得商业秘密也存在某些限制性条件，应当注意以下3点：（一）实施反向工程的前提是必须通过合法的途径来获得产品，如在市场上购买产品，如果是通过出租的方式来获得商业秘密，则属于不被允许的范围。（二）在反向工程中存在一些法律限制，如集成电路中的布线设计是不可简单复制的。由于集成电路中的布线设计可通过反向工程被获知，为此世界贸易组织制定了《WIPO关于集成电路的知识产权条约》（1989），保护集成电路的布线设计，规定反向工程仅限于对他人产品的布线设计分析研究。（三）实施反向工程时，要保存解剖对象的合法证据，如产品发票等，一旦涉及敏感的技术秘密引起纠纷时，仍可以有胜诉的有力证据。②

关于反向工程的合法性问题，美国、欧洲、日本等国家已经在立法中确认其合法性，但是我国目前的立法中尚未规定反向工程的合法性问题。但是，反向工程在一般情况下是合法的，因为反向工程本身也需要耗费大量的人力、物力、资源，也不属于

---

① 上海知识产权局网站，http://www.sipa.gov.cn/。
② 商业秘密保护网，http://smbh.suzhou.gov.cn/index.asp

《反不正当竞争法》[①]第十条规定的非法获得商业秘密的方式。在对他人技术实施反向工程之后,会有不同的发展方式,一种是适合应用该技术,但需保密这种技术;第二种是公开技术秘密,一旦全部公开的话,那么该技术就不再受保护。所以,如果要做独立的专利拥有者,那么就要对技术被反向工程的可能性进行评估,再决定是否用专利或技术秘密的方式来保护。

6.4 现阶段可行性对策:确立设计产权制度

知识产权的一般定义解决的是知识产权的私权问题,而知识产权的实质在于:授予创新者或者知识产权所有者阶段性排他权利的同时,要求其公开技术,使更多的人能够使用创新技术,从而促进社会技术进步。[②]从设计研究的角度看,这是对社会优质资源共享的期待,涉及设计资源的外部性问题。只有将外在资源转化为内部化,才能促进社会的整体发展。公共政策的合理制定将对这一转化发挥很大的作用,对于国内侵权和企业创新问题提供有效的解决办法。

---

① 《反不正当竞争法》中第5条、第9条、第10条和第14条直接规定了侵犯知识产权的不正当竞争行为,主要有:假冒他人注册商标的行为,仿冒知名商品特有名称、包装、装潢行为;擅自使用他人企业名称或姓名,引人误以为是他人商品的行为;在商品上伪造或冒用认证标志、名优标志等质量标志,伪造产地,对商品质量作引人误解的虚假表示的行为;利用广告或其他方法对商品的质量、制作成分、性能、产地等作引人误解的虚假宣传;侵犯商业秘密的行为;捏造、散布虚假事实,损害竞争对手的商业信誉、商品声誉的行为。

② 李建伟. 创新与平衡——知识产权滥用的反垄断法规制 [M]. 北京:中国经济出版社,2008:3.

个案:"奥飞动漫"维权"三级跳"

从经济逻辑的角度来看,对于企业来说市场上的先机比法律上的确认更为重要,阿罗(Arrow)认为创新活动是在创造信息,但是这些信息的复制成本却很低,而这也导致这些信息很快沦为他人的"公共品"。"奥飞动漫"在企业的起步阶段正是通过复制原创企业的信息而获得"公共品",这些信息的免费获取极大的降低了"奥飞动漫"的技术风险、设计风险与成本风险。

"奥飞动漫"从仿制大喇叭、仿制四驱车开始,发展到现在成为打通了动漫行业产业链的玩具企业,"奥飞动漫"快速经历了从模仿到自主创新的结构转型过程。从最初的仿制者到自主创新者和行业引领者,"奥飞动漫"从侵权、建权到维权的"三级跳"也说明了企业从被动规避设计风险到主动规避的转变。一根绳子、一个转轮的设计创新为"奥飞动漫"创造了巨大的市场前景。

2006年前,"奥飞动漫"还只是一家玩具制造企业,在短短几年时间内,"奥飞动漫"通过自主设计研发和保护产权结合的方式让企业获得飞速的发展。除了设计创新的引导驱动外,企业通过将产权私有化,使得"奥飞动漫"的设计原创都能转化为个体的市场效益。从社会福利的角度来看,信息的免费获取保障了企业的成长,但是却抑制了社会的设计创新性,这也导致设计产权专有的需要,所以从产权经济学的角度来看,知识产权存在合理的正当性。

由于不确定性的存在导致人们设计决策的困难增加,人们通过一定的设计决策来降低风险因素,而相关约束人们行为的制度和规则的存在大大减少了不确定性的演变。有关设计原创行为的规则和制度的产生将减少由设计原创所带来的不确定性。通过对不同的产权进行明确的定义，导致不同产权主体间能准确地继续进行产权交易，减少经济行为中的不确定性所在，当然明确的产权关系是理想中的产权交易模式的前提。

由于设计创新成果在市场中存在外溢性收益，如果未能对设计创新成果进行限定，这种设计"搭便车"的问题将造成原创者的动力不足。"奥飞动漫"的产权保护举措保护了企业的设计创新成果，降低了企业设计创新中资源被公用而遭受经济损害的风险，同时在较大程度内消除了消极的外部性行为，降低了企业设计创新成果被非法侵占的风险，让企业避免设计原创获益的减少。"三级跳"的过程也展现了企业设计原创成长的过程，从设计原创外部性的接受者到设计原创外部性的生产者，这个过程也是"奥飞动漫"将设计创新转化为企业私权的过程。

只有受到保护的私权才能为原创者提供充分的回报，无产权的社会将使创造活动被限制，如果设计原创失去了私有性，那么设计创新成果将成为公共物品而让原创者受到损害。同时，公共物品的存在将使设计创新变得没有效率。

"奥飞动漫"的维权过程正是在确立企业产权私有化的前提下，降低由于设计资源的外溢而造成的风险。

事实上，类似的中国维权案例不在少数，随着创意产业的激增、设计创造的附加值在企业利润中所占比重越来越大，"设计产权制度"也呼之欲出。

设计产权制度构想

1962年，阿罗（Arrow）就已注意到技术创新中的"搭便车"行为。所以，明确的产权制度将会刺激经济的创新活动，而人们最早创造的知识产权制度——专利制度就是为了激励创新与发明。明确的设计产权制度从以下三个方面促进设计创新的发展。

首先，设计产权制度的确定，有效解决了设计创新外溢的外部性问题，协调设计创新者与跟随者之间的利益所在和发展平衡，设计创新者在掌握设计原创权利时，能将外部性内部化，也保障了设计创新者的创新积极性；其次，设计产权的保护制度将影响人们的设计价值观念，让人们真正认识设计创新的真正价值所在，在一定的时候实现向设计创新转型；第三，协调设计创新者与跟随者之间的关系，产权制度能让设计资源趋于协调状态。这三个方面将激励设计创新行为，完善的设计产权制度也能协调设计资源的外部性问题，这是从公共政策正面保护设计创新行为和创新者。

各种外部性研究成果并不是万能的，每个研究成果只有在部分区域能成立。如补偿性产权交易，前提都是需要在明确的产权条件下才能执行。"ZARA"设计师的设计模仿受到设计大师的指控时，早已准备好的赔偿金说明了产权补偿制度的"合法性"。发达国家成熟的产权制度为外部性问题提供了合理的解决方式，国内对于设计产权尚未有清晰的界定，存在的知识产权制度漏洞，造就了补偿性产权交易未能在中国实行，这将造成外部性经济变得难以控制。如以"万"为代表的代工模仿为主的中小企业，从市场上直接拿来的设计，正是利用法律的漏洞避免了被指控和罚款的局面。所以，在发达国家中被普遍使用的补偿性产权交易在国内尚不具有可实施的条件，如果设计创新未能得到足够的保障机制，那将不利于设计创新的开拓。

尽管国内的设计创新机制尚未成熟，但是设计原创的存在为许多后发企业提供了设计外部性的贡献。对于中国中小企业中的模仿和仿制的阐释，并不是想给其找一个正当的理由，但模仿行为的存在确实是处在落后和无力的政策支持之下形成的一种企业战略。对于以设计创新为主流的市场来说，这种模式未免显得"另类"，但是如果能为设计原创的外部性贡献提供合法的弥补机制，那么设计外部经济性也未尝不是现代市场竞争体制下的中小企业成功化解设计风险的"阳光大道"，同时通过这种方式将设计创新成果更多地转化为市场效益。

6.5 小结

在应对各种设计风险的决策中，企业家和设计师在各自的行为领域进行设计风险反击战，设计师的原创设计与企业家的战略都能化解企业的设计风险，而这种设计风险应对策略正是建立在两种身份之上的考虑，两者只有通过自身的责任主体的自觉，才能为企业化解各种风险。但是在这两种角色的考虑中，设计创新只贯穿设计风险应对的主线。不同的企业面对设计风险会呈现不同的状态，这也涉及了设计的外部经济与设计原创的问题。

处在不同阶段的企业对于设计的外部经济会有不同的对策，生存性企业会通过模仿先发企业的原创设计来维持生存性发展，模仿与创新型企业会通过外部性的设计与改良并存的方式来应对市场和风险，原创型企业则通过原创设计来化解企业的风险，但是也会面临着原创设计的外溢，造成生存性企业与模仿改良型企业的"搭便车"，那么，公共政策的出现是保障设计外部性问题的重要保障。

目前国内的知识产权存在的漏洞,也是造成国内山寨、模仿现象的原因,但是通过一个健康公共的政策平台,对于不同发展阶段的企业而言,在其中能找到不同的生存方式,能为原创设计的创新预警,也能将其转化为企业设计风险应对的内容,孵化出真正行之有效的设计创新。

7 结语:创新预警与孵化——设计风险研究的价值所在

> "在一个后现代世界,时间和空间在它们相互关系中再也不用听命于历史性了,很难说它是否暗含了这种或那种形式的宗教复活,但可以想像,将会有一种关于生活的某些方面的稳定性,它会令人回忆起传统的某些特征。这种稳定性反过来提供本体性安全感的基础。"
>
> ——安东尼·吉登斯[1]

7.1 重思设计风险

在当代设计的诸多问题中,"设计风险"是一个全新话题。风险问题及风险管理是经济学的重要命题,但设计学科中的设计风险却鲜有关注,也很少有人注意到这样一个事实:当"设计"

---

[1] [英]安东尼·吉登斯. 现代性的后果[M]. 田禾,译. 南京:译林出版社,2000:155.

以艺术的、技术的、消费的方式为人类提供了方便、快捷、舒适生活的同时，也夹带着种种可能导致生活秩序产生混乱的风险。

目前为止，从未有人明确设计风险的概念，但是设计风险的真实存在已经引起一些设计师和许多学者的注意；由于对设计风险的认识尚未形成系统的面貌，所以对于设计风险的了解仍然需要借鉴相关学科的成果，实质上这种认识还是存在很大的局限。目前，对于设计风险的了解基本侧重于具体的设计控制技术与知识产权规避技术，而尚未对设计风险的存在、价值及对策进行系统的思考。但是通过对中国中小企业的设计创新之路来看设计风险，从某种角度而言，设计风险给我们提供了一种有关实践判断与价值思考的方法。我们可以通过选取真实的样本，将设计风险的基本理论放置到实践层面中去丰富和充实，以论证这一方法的合理性和必要性。

从设计介入人类生活的方式看，设计推动行为与设计破坏行为同时发生着。而设计破坏行为的持续发生，源于我们对"设计"内涵欠缺具有批判勇气的反思：与"风险"同行的"设计"及铺天盖地的"创新"，究竟在什么条件下能够转化为对企业、对社会有利且有效的生产生活资源？这些都将成为解开中国中小企业从设计模仿走向设计创新的重要环节，也是中国制造走向中国创造的关键点。

以中小企业作为对象，围绕风险、设计与创新关系，我们可以看到设计风险是如何促进企业发展和设计创新的转型。其中，中国设计风险的表征、作用方式与中国的设计创新思维的配置过程的关系是聚焦重点。在这种思路下，"设计市场动力学"与"设计风险应力学"的提出正是切入设计风险的核心所在。

设计风险作为设计管理的重要组成部分,一直存在于企业的设计实践中,其基本作用场所是市场。而设计作为一种意念的不确定性,设计行为及其后果作为一组难以量化的关系等设计学科本身的特质,使设计在市场化过程中会表现出极大的不稳定性,由此更需要明确"设计"在市场坐标中的价值。这里所指的市场坐标并非仅仅是利润,而是一个成熟的动因、过程、结果的运行规律的监测机制。在这个监测机制里,"设计"表现为一把双刃剑。基于设计中"创造性破坏"的思考,现阶段,设计决策者对于设计风险的判断显得至关重要,它是形成设计与市场关系纽带的基本要素,也是使设计品和设计服务价值得以被量化分析的又一种标准。长期以来,由于企业、研究者对设计风险问题的思考大多局限于"买卖"关系,导致大量临时性设计、临时性制造的出现,也就导致大部分中国中小企业缺少主动的净化能力。这种现状并非无可逆转,在中国中小企业设计创新的路上,风险意识的导入,正是希望能够明确设计风险的责任主体,逐渐实现风险的规避与转化。

在对设计风险的责任分析之前,要明确设计风险问题的责任主体,而这里的设计风险责任主体主要是指设计决策人员,即企业管理者与设计管理者。企业家、设计师、消费者作为不同的行动主体,其决策行为都将影响风险的产生与分担。而这些风险分担主体的行为将遵循"回报"与回避"风险"为基轴的市场动力学为价值坐标,这也产生了设计风险的四种象限,这些象限也是企业在设计风险与设计创新之间如何抉择的根据。在这种抉择中,责任意识的培养将带给这些行动主体新的发展思路,因为在任何情况下，长远利益、公共利益都比获取个人利益经得起时间的考证，而人类历史上着眼于"长久"、"公共"的命题，往往带有非常明确的社会责任意识。设计风险的责任主体的提出，则进一步强调了企业家和设计师的专业责任感。

7.2 中国式设计风险

知识产权问题是设计风险的主要问题之一，这一问题在中国尤为突出。具有知识产权意识的企业、设计师无法保护自己的知识成果，或者以一种"搭便车"心态回避创新，低层次复制原本就可能会产生具有风险问题的产品，企业更会回避主动创新，这样就形成恶性循环。

由于中国本身复杂的情境与独特的企业发展历程，中国企业成长过程是有别于发达工业国家企业的成长轨迹，中国中小企业的设计创新成长过程也有千差万别的表现。因而对中国设计风险问题的研究要分区域、分阶段进行多元论证，首先，是要将企业实践中最真实、最现实的问题揭示出来。

中国中小企业在学习、模仿、改良、创造等阶段之间的跳转方式，反思设计风险的存在如何刺激企业设计创新模式的自我净化，即企业如何寻找动力坐标，主动应对设计风险，选择恰当性的发展模式，从而展开与设计风险的博弈过程。与崇尚技术创新的发达国家存在建立在设计之上的风险不同的是，由于中国中小企业的后发性导致企业以跟随、赶超先发企业作为主要目标来降低主动设计创新所带来的高成本风险。在这种情况下，企业中的设计风险仍然存在，只是这种风险并不是来自于主动"做设计"

的风险，而在于被动规避设计、防止设计侵权所带来的风险，此外还有企业一般技术研发、过程管理所导致的意外风险。模仿、改良都成为企业与设计风险博弈的选择模式，而设计创新就是在不断地应对设计风险中成长起来。由于国内现代企业起步较晚，改革开放以来中国企业快速追赶先进国家和企业，这也使得设计模仿成为众多企业选择的策略来实现企业的快速成长，作为基础薄弱的企业而言，制造加工与模仿是企业规避设计高投入与高风险所采取的一种模式，这也是企业创业阶段维持最基本生存状态的选择。但是，一旦企业开始进入成熟发展阶段，就必然要摆脱模仿者角色，寻找自主设计创新的思路，这样的个案随着中国现代企业管理者的成熟，也不断地增加。

在对中国中小企业的选择上，主要选取浙南瓯江流域地区、珠三角地区的中小企业作为样本。这两个区域对于解释国内中小企业问题具有典型性，尽管它们不能代表整个中国中小企业或中国企业，但是却能为企业设计风险问题提供具体、深入的内容。此外，这些企业创办年代离现在较近，其自身的发展规律和呈现出的状态也正是当代设计管理的重要部分，通过近距离的观察与实证研究，我们能够更准确的判断当下社会的问题所在。近几十年来，中国处于不断的变革当中，这种复杂性与多样化变革本身也具有比较重要的研究价值，如果能够把握其中的共性问题和基本规律，将为中国中小企业的未来及基于设计服务的企业发展提供一些参考，也将为新时期的设计管理者、职业经理人提供一些专业思考线索，尤其是企业设计创新的"度"的问题思辨。

需要提及的是，在当代中国经济发展模式研究、企业设计创新机制研究的大背景下，将中国设计风险置于真实的问题情境中,探讨中小企业中的设计风险形态以及规避方式,其目的是归纳中国特色企业发展与设计创新的可行性方案。建立在中小企业设计成长基础上的设计风险应对策略,其研究最终目的并不仅仅局限于中国中小企业,而是提炼具有典型特征的设计风险研究样本,梳理设计风险化解对策。这些中国中小企业样本目前正应对来自四面八方的各种风险,有些企业已在经济危机重挫中呈现无力状态,有些企业在风险应对中则愈战愈勇,这些鲜活的企业样本的各种状态以及走过的设计创新之路,都能让我们看到一个个更真实的企业状态。

7.3 设计风险的价值所在

设计创新行为是企业发展的主要动力,也是企业潜在设计风险的焦点。当企业中的设计创新资源被其他竞争对手无偿占有,就会导致企业总体资源的损失。在不同类型的企业中或同一企业的不同发展阶段中都将产生不同的设计风险类型,要化解企业中的设计风险则需要研究者详细辨析设计风险的来源,进行变量分析,并在企业自身的基础上提出相应的风险策略,从而制定规避与化解设计风险的具体措施。要真正解决设计创新思路和设计资源的外溢性问题,不同的企业会采用不同的策略将设计的外部性资源内部化。目前,设计研究领域非常缺乏对于企业规避设计风险的策略研究和案例整理,对于设计风险问题的研究需要从闭合式的思维转向开放式思维,需要对当下企业的现实问题进行针对性研究分析。因此,设计风险问题的转化方式研究,即设计风险的有效控制与规避,值得更多从事设计管理研究的企业家、设计师和学者共同思考。这意味着，设计风险研究，目的在于梳理相关概念与认知方式，也希望提炼相应的数据模板，为企业提供具体的预警方案和设计风险应对思路，但此举不是为企业回避设计创新寻找借口，相反，是尝试分析设计风险是如何内在性的促进企业的设计创新。

设计风险是阻碍设计创新的主要因素，从这个角度而言，设计风险的提出将是设计创新研究的基础课题。设计风险的提出为企业如何形成设计创新提供原理性的分析。只有成功规避和控制设计风险，企业才能真正开始设计创新的过程，而设计风险中蕴含的设计创新也将为如何展开设计政策提供有价值的内容。对于设计中风险的剖析也为企业寻找适合自身特点的创新对策和经营策略提供重要的价值，设计风险也是企业设计创新中的基本课题和重要部分。

随着技术的日益复杂，现代社会风险也日益加强，现代社会的生活方式也决定了风险存在的常态。

显然，设计在给人类带来便捷、舒适的同时，作为一种"创造性破坏"的进步方式，也给人类带来风险与破坏。设计的存在必然对现有的经济制度、消费模式产生影响，而只有将"破坏性"因素控制在一个可控的范围之内，设计才能显示出积极的价值，才能往正向的设计方向发展。

在以创新为母题的当代市场中，设计风险的提出与创新主题似乎存在很大的矛盾性。但是在企业的设计创新成长中设计风险扮演着很重要的角色，从设计风险的角度探讨的是设计创新的机制形成，而通过设计风险，则从另一角度阐释设计创新决策的形成。设计风险的研究并不等于设计师的风险或设计行为的风险，设计风险应当是设计主体在设计行为之后的风险或然性，也是设计管理和政策研究的重要组成部分。设计风险是作为设计创新的基础命题而存在，而设计风险中不确定性因素蕴藏的是设计创新与设计失败的原因，对中国中小企业中的设计风险的把握以及相对应的设计风险策略的研究中，我们也可读出中国企业在规避设计风险中蕴含着的设计创新力量。在设计风险的应对策略中，我们要考虑如何在设计风险与设计创新之间找到平衡点。设计风险实质上是有关设计创新的重要命题，设计风险研究的价值不仅在于让企业理性的看到企业发展中的具体风险情境，更是将指向企业的创新研究以及经营策略研究。

然而，设计风险并不仅仅是某些企业需要自觉认识的问题，而是一个存在普泛性的问题。对设计风险的思考也将放在设计风险是如何促进设计创新发展的内在逻辑的层面之上，如果没有这个层次的思考，那么对于设计风险的研究就没有意义。而设计风险作为跨学科的内容，对其研究也不可避免的与各个学科进行交叉与联系，这种关系也将使得设计风险存在错综复杂的面貌。

事实上，以设计风险为中心的研究包含企业策略层面、制度层面的问题，这将触及对设计本体性的一种思考。同时，对于设计风险问题的提出也将直接触及"设计作为一种高风险行为"的原理认知的问题，这种认识提醒我们要用更加审慎的态度重新思考设计，理性面对创新，努力修复生活基础，以获得相对持久的平衡与安定。

参考文献

外文书籍

[1] Asimow, M., Introduce to Design, New York: Prentice Hall, 1980.

[2] Archer, L. Burce, Systematic Method For Designer, London: Council of College of Arts, 1965.

[3] Bierut, M., . Drenttle, W., Heller S. &Hollsnd, DK, Looking Closer: Critical Writings on Graphic Design, New York, 1994.

[4] Bierut M., , . Helfand, J., Heller, S. and Poynor, R., Looking Closer3: Critical Writings on Graphic Design, New York, 1999.

[5] Bierut, M., , . Drenttle, W., and Heller S., Looking Closer4: Critical Writings on Graphic Design, New York, 2002.

[6] Brigitte Borja de Mozota, Design Management: Using Design to Build Brand Value and Corporate Innovation, 2003

[7] Cheistoph Kausch, A Risk-Benefit Perspective on Early Customer Integration, Physica-Verlag, Risk Management for Design Professionals, 2007.

[8] Christopher Lorenz, The Design Dimension: Product Strategy and the Challege of Global Markting.

[9] Blackwell Pub. 1986.

[10] Colin Gray and Will Hughes. : Building Design Management, Oxford; Boston: Butterworth-Heinemann, 2001.

[11] Daryl Trravis (with help from Harry), 《Emotional branding——How successful Brands Gain the Irrational Edge》, Prima Venture, 2000

[12] Dormer, Peter, The Meanings of Modern Design, Thames and Hudson Ltd, London, 1991.

[13] Grahamne Dowling, Creating Corporate Reputations: Identity, Image, and Performance. Oxford: university press. 2001.

[14] Griff Boyle, Design Project Management, Ashgate. 2003.

[15] James Lam, Enterprise Risk Management: From Incentives to Controls, Hoboken, N. J. : Wiley 2003.

[16] Jonathan Cagan and Craig M. Vogel Creating Breakthrough Products: Innovation from Product Planning to Program Approval , Beijing: China Machine Press, 2006.

[17] Jonathan E. Schroeder, Miriam Salzer-Morling, Brand culture , Routledge, 2005.

[18] Les Coleman, Why Managers and Companies Take Risks, Physica-Verlag, 2006.

[19] Kathryn Best, Design Management: Managing Design Strategy, Process and Implementation, AVA. 2006.

[20] Margaret Bruce, Marketing and Design Management, International Thomson Businese Press, 1997

[21] Mark Oaklety, Design Management, Butler&Tanner Ltd, Frome, 1990

[22] Page, J, K. , Contribution to 'Building for people', Ministry of Public Building and Works, London, 1965.

[23] Peter Gorb, Design Management, London, Architecture Design and Technology Press, 1990

[24] Reswick, J, B., Prospectus for Engineering Design Center, Case institute of Technology, 1965

[25] Richard Buchanan, and Victor Margolin, Discoving Design: Explorations in Design Studies. The university of Chicago press. 1995.

[26] Robert Jerrard and David Hands. design management—exploring fieldwork and applications, London; New York: Routledge, 2008.

[27] Robert Jerrard, David Hands, and Jack Ingram. Design management case studies, London; New York: Routledge, 2002.

[28] 網本義弘著. 発想工學を知っていますか：「もし」が可能を創り出す. 東京：プレジデント社，1993.

相关论文

[29] Robert N. Jerrard, Nick Barnes and Adele Reid, Design, Risk and New Product Development in Five Small Creative Companies, International Journal of Design, April 1, 2008.

中文译著

设计、设计管理类

[30] [美] 艾尔弗雷德·斯隆. 我在通用汽车的岁月 [M]. 刘昕, 译. 北京：华夏出版社，2006.

[31] [英] 巴纳德. 艺术设计与视觉文化 [M]. 王升才，张爱东，卿上力，译. 南京：江苏美术出版社，2006.

[32] [英] 弗兰克·惠特伍德. 包豪斯 [M]. 林鹤, 译. 北京：生活·读书·新知三联书店，2001.

[33] [美] 赫伯特·西蒙. 人工科学：复杂性面面观 [M]. 武夷山, 译. 上海：上海科技教育出版社，2004.

[34] [美] 赫斯科特. 设计，无处不在 [M]. 丁珏, 译. 南京：译林出版社，2009.

［35］［法］马克·第亚尼. 非物质社会［M］. 滕守尧，译. 成都：四川人民出版社，1998.

［36］［美］诺曼. 情感化设计［M］. 付秋芳，译. 北京：电子工业出版社，2005.

［37］［美］诺曼. 设计心理学［M］. 梅琼，译. 北京：中信出版社，2003.

［38］［美］恰安，沃格尔. 创造突破性产品——从产品策略到项目定案的创新［M］. 辛向阳，潘龙，译. 北京：机械工业出版社，2004.

［39］［意］斯丹法诺·马扎诺. 设计创造价值［M］. 蔡军，宋煜，徐海生，译. 北京：北京理工大学出版社，2002.

［40］［台］邓成连. 设计管理：产品设计之阻止、沟通与运作［M］. 台北：亚太图书出版社，1999.

［41］［台］邓成连. 设计策略：产品设计之管理工具与竞争利器［M］. 台北：亚太图书出版社，2001.

［42］［日］原研哉. 设计中的设计［M］. 朱锷，译. 济南：山东人民出版社，2006.

［43］世界各国设计政策研究资料汇编［M］. 中央美院设计学院设计文化与政策研究所，译. 2007.

经济学、管理学及社科

［44］［美］阿尔文·托夫勒. 第三次浪潮［M］. 朱志焱，潘琪，张焱，译. 北京：生活·读书·新知三联书店，1983.

［45］［美］阿尔文·托夫勒. 未来的冲击［M］. 孟广均，等译. 北京：新华出版社，1996.

［46］［美］阿尔文·托夫勒. 再造新文明［M］. 白裕承，等译. 北京：中信出版社，2006.

［47］［英］安东尼·吉登斯. 现代性的后果［M］. 田禾，译. 南京：译林出版社，2000.

[48] [英] 安东尼·吉登斯. 失控的世界 [M]. 周红云, 译. 南昌: 江西人民出版社, 2001.

[49] [美] 艾尔·巴比. 社会研究方法（第10版）[M], 邱泽奇, 译. 北京: 华夏出版社, 2008.

[50] [美] 彼得 L. 伯恩斯坦. 与天为敌 [M]. 穆瑞年, 吴伟, 熊学梅, 译. 北京: 机械工业出版社, 2007.

[51] [美] B. 约瑟夫·派恩, 詹姆斯·H. 吉尔摩. 体验经济 [M]. 北京: 机械工业出版社, 夏业良, 鲁炜, 等译. 2002.

[52] [日] 常盤文克. 创新之道——日本制造业的创新文化 [M]. 董旻静, 译. 北京: 知识产权出版社, 2007.

[53] [美] 德鲁克. 公司的概念 [M]. 慕凤丽, 译. 北京: 机械工业出版社, 2006.

[54] [美] 德鲁克等. 管理史上的奠基之作 [M]. 孙国强, 译. 北京: 中国纺织出版社, 2004.

[55] [美] 德鲁克. 创新与企业家精神 [M]. 蔡文燕, 译. 北京: 机械工业出版社, 2007.

[56] [美] 戴维·阿克, 等. 品牌管理 [M]. 高登第, 译. 台北: 天下远见出版股份有限公司, 2004.

[57] [美] 戴维·阿克. 品牌组合战略 [M]. 雷丽华, 主译. 北京: 中国劳动社会保障出版社, 2005.

[58] [美] 丹尼尔·贝尔. 后工业社会的来临——对社会预测的一项探索 [M]. 高銛, 王宏周, 魏章玲, 译. 北京: 新华出版社, 1997.

[59] [美] 丹尼尔·贝尔. 资本主义文化矛盾 [M]. 赵一凡, 蒲隆, 任晓晋, 译. 三联出版社, 1992.

[60] [日] 大前研一. M型社会 [M]. 刘锦秀, 江裕真, 译. 北京: 中信出版社, 2007.

[61] [日] 弗朗西斯·福山. 信任 [M]. 彭志华, 译. 海口: 海南出

版社，2001.

[62]［英］菲利普·鲍尔. 预知社会——群体行为的内在法则［M］. 暴永宁，译. 北京：当代中国出版社，2007.

[63]［美］菲利浦. 科特勒. 营销管理（第11版）［M］，梅清豪，译. 上海：上海人民出版社，2003.

[64]［美］菲利普·科特勒. 营销服务（第11版）［M］，梅清豪，译. 上海：上海人民出版社，2005.

[65]［美］范里安. 微观经济学：现代观点（第六版）［M］，费方域，等译. 上海：上海人民出版社，2006.

[66]［美］葛凯. 中国制造——消费文化与民族国家的创建［M］. 黄振萍，译. 北京：北京大学出版社，2007.

[67]［美］赫伯特·马尔库塞. 单向度的人：发达工业社会意识形态研究［M］. 刘继，译. 上海：上海译文出版社，2006.

[68]［法］亨利·法约尔. 工业管理与一般管理［M］. 迟力耕，张璇，译. 北京：机械工业出版社，2007.

[69]［美］亨利·福特. 我的生活与工作［M］. 梓浪，莫丽芸，译. 北京：北京邮电大学出版社，2005.

[70]［美］哈特穆特·艾斯林格. 一线之间：设计战略如何决定商业的未来［M］. 孙映辉，译. 北京，中国人民大学出版社，2012.

[71]［韩］金麟洙. 从模仿到创新——韩国技术学习的动力.［M］刘小梅，刘鸿基，译. 北京：新华出版社，1998.

[72]［韩］金世暎. 创新者［M］. 李旭，译. 北京：经济科学出版社，2007.

[73]［美］克里斯·安德森. 公司进化论：伟大的企业如何持续创新［M］. 陈劲，译. 北京：机械工业出版社，2014.

[74]［美］克里斯·安德森. 长尾理论［M］. 北京：中信出版社，2006.

[75][英] 罗素. 中国问题 [M]. 秦岳译, 上海：学林出版社, 1996.

[76][美] 林茨迈尔. 苹果传奇（第2版）[M], 毛尧飞, 冯岩, 译. 北京：清华大学出版社, 2006.

[77][美] 罗伯特·布伦纳. 创新改变世界 [M]. 辽宁：东北财经大学出版社, 2012.

[78][意] 罗伯托·维甘提. 第三种创新：设计驱动式创新如何缔造新的竞争法则 [M]. 戴莎, 译. 北京：中国人民大学出版社, 2014.

[79][美] 克里斯托弗·H. 洛夫洛克. 服务营销 [M]. 3版, 陆雄文, 庄莉, 译. 北京：中国人民大学出版社, 2004.

[80][美] 克莱顿·克里斯坦森. 创新者系列 [M]. 胡建桥, 译. 中信出版社, 2013.

[81][美] 迈克尔·波特. 竞争优势 [M]. 陈小悦, 译. 北京：华夏出版社, 2005.

[82][美] 曼昆. 经济学原理 [M]. 3版, 梁小民, 译. 北京：机械工业出版社, 2003.

[83][法] 马塞尔·莫斯. 礼物 [M]. 汲喆, 译. 上海, 上海人民出版社, 2002.

[84][美] 皮鲁·科伯恩. 创新的迷失 [M]. 贺丽琴, 译. 北京：北京师范大学出版社, 2007.

[85][法] 让·波德里亚. 物体系 [M]. 林志明, 译. 上海：上海人民出版社, 2001.

[86][法] 让·波德里亚. 消费社会 [M]. 刘承腹, 全志刚, 译. 南京：南京大学出版社, 2001.

[87][美] 汤姆·凯利, 乔纳森. 创新的艺术 [M]. 李煜萍, 谢荣华, 译. 北京：中信出版社, 2004.

[88][美] 特里萨·M. 阿马布勒等. 突破惯性思维 [M]. 李维安等, 译. 哈佛商学院出版社, 北京：中国人民大学出版社, 2001.

[89]［法］塔尔德. 模仿律［M］. 何道宽, 译. 北京: 中国人民大学出版社, 2008.

[90]［英］舒马赫. 小是美好的［M］. 李华夏, 译. 南京: 译林出版社, 2007.

[91]［美］萨拉·邦焦尔尼. 离开中国制造的一年［M］. 闾佳等, 译. 北京: 机械工业出版社, 2008.

[92]［美］特劳特, 瑞维金. 新定位［M］. 李正栓, 贾纪芳, 译. 北京: 中国财政经济出版社, 2005.

[93]［美］托马斯·K. 麦克劳. 现代资本主义——三次工业革命中的成功者［M］. 赵文书, 肖锁章, 译. 南京: 江苏人民出版社, 2006.

[94]［德］瓦尔特·本雅明. 机械复制时代的艺术作品［M］. 胡不适, 译. 杭州: 浙江文艺出版社, 2005.

[95]［美］王国斌. 转变的中国［M］. 李伯重, 连玲玲, 译. 南京: 江苏人民出版社, 2008.

[96]［德］乌尔里希·贝克. 风险社会［M］. 何博闻, 译. 南京: 译林出版社, 2008.

[97]［德］乌尔里希·贝克. 世界风险社会［M］. 吴英姿, 孙淑敏, 译. 南京: 南京大学出版社, 2004.

[98]［美］维杰·库玛. 企业创新101设计法［M］. 胡小锐, 黄一舟, 洪华, 译. 中信出版社, 2014.

[99]［美］熊彼特. 经济发展理论［M］. 孔伟艳, 朱攀峰, 娄季芳, 译. 北京: 北京出版社, 2008.

[100]［英］谢尔顿·克里姆斯基, 多米尼克·戈尔丁. 风险的社会理论学说［M］. 徐元玲, 孟毓焕, 徐玲, 等译. 北京: 北京出版社, 2005.

[101]［美］西姆·西格尔. 基于价值的企业风险管理: 企业管理的下一步［M］. 裘益政, 译. 辽宁: 东北财经大学出版社, 2013.

[102]［美］约翰·杜威. 确定性的寻求——关于知行关系的研究

[M]. 傅统先，译. 上海：上海世纪出版集团，2005.

中文著作

经济学、管理学及社科

[103] 丁冰. 当代西方经济学原理 [M]. 4 版，北京：首都经济贸易大学出版社，2004.

[104] 杜莹芬. 企业风险管理 [M]. 北京：经济管理出版社，2008.

[105] 范家骧，王志伟. 西方经济学名著提要 [M]. 南昌：江西人民出版社，2007.

[106] 傅家骥. 技术创新学 [M]. 北京：清华大学出版社，1998.

[107] 费孝通. 乡土中国 [M]. 上海：上海人民出版社，2007.

[108] 费孝通. 中国绅士 [M]. 惠海鸣，译. 北京：中国社会科学出版社 2006.

[109] 费孝通. 江村经济 [M]. 北京：商务印书馆，2001.

[110] 顾忠华. 韦伯学说 [M]. 桂林：广西师范大学出版社，2004.

[111] 郭剑. 跳出同质思维，从跟随到领先 [M]. 北京：电子工业出版社，2013.

[112] 胡惠林，李康化. 文化经济学 [M]. 上海：上海文艺出版社，2003.

[113] 刘怀德. 不确定经济学研究 [M]. 上海：上海财经大学出版社，2001.

[114] 刘振武，高旭东，胡健. 企业技术创新管理 [M]. 北京：石油工业出版社，2010.

[115] 李绍强，徐建青. 中国手工业经济通史 [M]. 福州：福建人民出版社，2004.

[116] 李建伟. 创新与平衡——知识产权滥用的反垄断法规制 [M]. 北京：中国经济出版社，2008.

[117] 路甬祥. 科学改变人类生活的100个瞬间 [M]. 香港：三联书店（香港）公司，2001.

[118] 厉无畏. 创意产业导论 [M]. 上海：学林出版社，2006.

[119] 梅逊林，钱志宏. 规避 [M]. 北京：中国统计出版社，1999.

[120] 南振兴，刘春霖. 知识产权学术前沿问题研究 [M]. 北京：中国书籍出版社，2003.

[121] 任寿根. 模仿经济学 [M]. 北京：中国财政经济出版社，2003.

[122] 孙耀君. 西方管理学名著提要 [M]. 南昌：江西人民出版社，2005.

[123] 孙诒让（清）. 温州经籍志 [M]. 潘猛补，校补. 上海：上海社会科学院出版社，2005.

[124] 施培公. 后发优势——模仿创新的理论与实证研究 [M]. 北京：清华大学出版社，1999.

[125] 上海市协力律师事务所知识产权事务中心，上海市创意产业协会，上海戏剧学院创意学院. 创意产业知识产权管理 [M]. 上海：学林出版社，2007.

[126] 吴定富. 中国风险管理报告 [M]. 北京：中国财经出版社，2007.

[127] 吴贵生. 技术创新管理 [M]. 北京：清华大学出版社，2000.

[128] 吴岚，王燕. 风险理论 [M]. 北京：中国财经出版社，2006.

[129] 许谨良，周江雄. 风险管理 [M]. 中国金融出版社，2006.

[130] 杨雪冬等. 风险社会与秩秩序重建 [M]. 北京：社会科学文献出版社，2006.

[131] 杨克磊. 技术经济学 [M]. 上海：复旦大学出版社，2007.

[132] 张卫东. 孤独的创新者——熊彼特 [M]. 南昌：江西人民出版社，2008.

[133] 赵玉林. 创新经济学 [M]. 北京：中国经济出版社，2006.

[134] 郑成思. 知识产权法 [M]. 北京：法律出版社，2008.

[135] 郑曦原，李方惠. 通向未来之路与吉登斯对话 [M]. 成都：四川人民出版社，2002.

[136] 中国创新型企业发展报告编委会. 中国创新型企业发展报告2011 [M]. 北京：经济管理出版社，2011.

中国企业

[137] 陈春花，赵曙明，赵海然. 领先之道 [M]. 北京：中信出版社，2004.

[138] 陈颖健. 中国制造威胁了谁 [M]？北京：北京理工大学出版社，2004.

[139] 陈立旭. 从传统到现代——浙江模式的文化社会学阐释 [M]. 北京：中国社会科学院，2007.

[140] 陈平. 成就与梦想：温州民企创业文化思考 [M]. 上海：学林出版社，2007.

[141] 陈平. 温州民营企业管理没收研究 [M]. 上海：学林出版社，2007.

[142] 陈安金，王宇. 永嘉学派与温州区域文化崛起研究 [M]. 北京：人民出版社，2008.

[143] 董中保. 中小企业技术创新和相关法律问题研究 [M]. 北京：经济管理出版社，2012.

[144] 郭万达，朱文晖. 中国制造——"世界工厂"转向中国 [M]. 南京：江苏人民出版社，2003.

[145] 郭克莎，等. 走向世界的中国制造业：中国制造业发展与世界制造业中心问题研究 [M]. 北京：经济管理出版社，2007.

[146] 黄晓阳. 温州人：策划中国 [M]. 南京：江苏文艺出版社，2007.

[147] 胡方松，方韶毅，刘旭道. 温州判断 [M]. 上海：文汇出版

社,2005.

[148] 郎咸平. 产业链阴谋: 一场没有硝烟的战争 [M]. 上海: 东方出版社, 2008.

[149] 林毅夫, 蔡昉, 李周. 中国的奇迹: 发展战略与经济改革 [M]. 上海: 上海人民出版社, 1999.

[150] 凌志军. 联想风云 [M]. 北京: 中信出版社, 2005.

[151] 李子彬. 中国中小企业 2013 蓝皮书: 进一步发挥中小企业促进社会就业增长的重要作用 [M]. 北京: 中国发展出版社, 2013.

[152] 卢东斌. 中小企业自主创新与产业升级研究: 基于北京市中小企业的视角 [M]. 北京: 经济管理出版社, 2011.

[153] 刘湘丽. 日本的技术创新机制 [M]. 北京: 经济管理出版社, 2011.

[154] 吕一博, 苏敬勤. 中小企业成长的影响因素: 不确定条件下资源的经济寻租视角 [M]. 北京: 科学出版社, 2011.

[155] 全国政协文史和学习委员会, 浙江省政协文史资料委员会, 温州市政协编. 温州民营经济的兴起与发展 [M]. 北京: 中国文史出版社, 2008.

[156] 芮祥麟. 从中国制造到中国创造 [M]. 北京: 电子工业出版社, 2007.

[157] 孙林岩. 全球视角下的中国制造业发展 [M]. 北京: 清华大学出版社, 2008.

[158] 史晋川, 金祥荣, 赵伟, 等. 制度变迁与经济发展: 温州模式研究 [M]. 杭州: 浙江大学出版社, 2004.

[159] 吴敬琏. 中国增长模式抉择 [M]. 上海: 上海远东出版社, 2008.

[160] 吴晓波. 激荡三十年 [M]. 北京: 中信出版社, 2008.

[161] 吴晓波. 全球化制造与二次创新: 赢得后发优势 [M]. 北京:

机械工业出版社，2006.

[162] 王尚银，任丽萍. 现代化进程中温州社会阶层结构研究 [M]. 北京：中国文史出版社，2005.

[163] 王宇. 永嘉学派与温州区域文化 [M]. 北京：社会科学文献出版社，2007.

[164] 危正龙，宋正权. 商业模式图为：中小企业的转型与重生 [M]. 北京：中国经济出版社，2014.

[165] 新望. 苏南模式的终结 [M]. 北京：生活·读书·新知三联书店，2005.

[166] 杨宏建. 温州人和你想的不一样 [M]. 北京：时事出版社，2007.

[167] 曾鸣，彼得·威廉姆斯. 龙行天下 [M]. 北京：机械工业出版社，2008.

[168] 曾朝晖. 中国式管理 [M]. 北京：东方出版社，2005.

[169] 张维迎. 中国改革三十年 [M]. 上海：上海人民出版社，2008.

设计

[170] 边守仁. 产品创新设计——工业设计专案的解构与重建 [M]. 北京：北京理工大学出版社，2002.

[171] 杜维明. 对话与创新 [M]. 桂林：广西师范大学出版社，2005.

[172] 邓俊. 设计风险研究 [M]. 武汉：武汉大学出版社，2012.

[173] 杜建俊. 中国企业产皮创新设计年鉴（2006卷）[M]. 北京：北京理工大学出版社，2007.

[174] 冯久玲. 文化是好生意 [M]. 海口：南海出版公司，2003.

[175] 方海. 现代家具设计中的中国主义 [M]. 北京：中国建筑工业出版社，2007.

[176] 郭恩慈，苏珏. 中国现代设计的诞生 [M]. 上海：东方出版中心，2008.

[177] 何人可. 工业设计史 [M]. 北京：北京理工大学出版社，2000.

[178] 杭间. 中国工艺美学思想史 [M]. 山西：北岳文艺出版社，1994.

[179] 刘国余. 设计管理 [M]. 北京：北京理工大学，2003.

[180] 刘瑞芬. 设计程序与管理 [M]. 北京：清华大学出版社，2006.

[181] 刘文金，唐立华. 当代家具设计理论研究 [M]. 北京：中国林业出版社，2007.

[182] 吕品田. 必要的张力 [M]. 重庆：重庆大学出版社，2007.

[183] 李砚祖. 设计之维 [M]. 重庆：重庆大学出版社，2007.

[184] 李砚祖. 外国设计艺术经典论著选读 [M]. 北京：清华大学出版社，2006.

[185] 李艳. 设计管理与设计创新 [M]. 北京，化学工业出版社，2009.

[186] 苏珂. 产品创新设计方法 [M]. 北京，中国轻工业出版社，2014.

[187] 奚传绩. 设计艺术经典论著选读 [M]. 南京：东南大学出版社，2002.

[188] 许平. 青山见我 [M]. 重庆：重庆大学出版社，2009.

[189] 许平. 视野与边界 [M]. 南京：江苏美术出版社，2004.

[190] 许平. 造物之门 [M]. 西安：陕西人民美术出版社，1998.

[191] 尹定邦，陈汗青，邵宏. 设计的营销与管理 [M]. 长沙：湖南科学技术出版社，2003.

[192] 尹定邦. 设计学概论 [M]. 长沙：湖南科学技术出版社，2003.

[193] 赵江洪. 设计艺术的含义 [M]. 长沙：湖南大学出版社，2005.

[194] 张道一. 考工记注释 [M]. 西安：陕西人民美术出版社，2004.

[195] 朱小杰. 家具设计 [M]. 长春：吉林美术出版社，2005.

相关论文

[196] 龚伟同. 飞利浦：一统帝国的新生 [J]. 商务周刊，2005-9-15.

[197] 何源. 中国设计 政策饥渴 [J]. 计算机世界报, 2008 (21).

[198] 李正卫, 吴晓波. 制造业与我国制造业的二次创新战略 [J]. 科学学研究, 2004 (22卷)

[199] 李志榕. 管理好你的设计风险 [J]. 工业设计, 2007 (4).

[200] 蓝海林, 湖启志, 郭建刚. 创新设计使东菱的制造微笑起来 [J]. 第一届两岸经营管理个案研讨会, 2006.

[201] 倪义芳, 葛朝阳, 吴晓波. 我国制造业全球化的二次创新战略 [J]. 科学技术与工程, 2002年第2卷第2期.

[202] 吴晓波, 倪义芳. 二次创新与我国制造业全球化竞争战略 [J]. 科研管理, 2001年第22卷第3期.

[203] 王晓红. 利用工业设计推动中小企业技术创新 [J]. 集团经济研究. 2006 (1).

[204] 徐寿松, 陈先发, 樊曦. 在突破中生长——中国企业30年发展回眸 [J]. 2008.

[205] 尹生. 打破模仿与创新的边界 [J]. 21世纪商业评论, 2008 (3).

[206] 董可. 中小企业产品设计计划中设计的市场风险识别研究——以消费类电子产品为例 [J]. 清华大学硕士论文, 2006.

[207] 李志榕. 管理好你的设计风险 [J]. 工业设计期刊, 2007 (4).

[208] 周博. 行动的乌托邦——维克多·帕帕奈克与现代伦理问题 [J]. 中央美术学院博士学位论文, 2008.

[209] 叶芳. 转型中的传统老字号设计管理问题研究——以北京王麻子和扬州漆器厂为例 [J]. 中央美术学院硕士学位论文, 2006.

[210]《温州家具》

后　记

2009年，"设计风险"对于大部分企业而言尚是新鲜的词汇，相较于5年前的现在，中国企业发生巨大的变革，"设计管理"的价值逐渐在中国企业中被认识，而中小企业更加认识到制造、研发、风险、创新之间的重要关系，而对于中小企业中的设计风险课题的先见性要感谢我的导师许平教授。

2003年起我跟随许老师攻读硕士和博士学位，六年的学习生涯收获的不仅仅是知识，更是人生态度的启蒙。许老师开拓性的讨论总能引导我发现新视角，"致广大，尽精微"的治学态度也是我一直要追求的目标，而许老师的先见性和思维独特性都为我的研究提供许多的启发。当初选定设计管理作为专业研究方向时，这在中国尚属新兴领域，而大部分中国企业尚未认识到设计创新和设计风险在企业成长中的重要影响。在这几年中，这种先见性逐渐显露价值。跟随许老师学习期间，逐渐理解设计理论的重要意义所在，这六年将影响我的一生。感谢许老师。

台湾邓成连教授对于我学习设计管理具有很大的启发和影响，至今仍记得邓老师在京教学中，作为助教的我如何从一名犹如白纸的初学者，到对设计管理的价值坚信不疑的研究者，邓老师的学识和观念给予我极大的启发和指导，非常感谢。在学术外，邓老师的生活态度也一直影响着我；感谢王敏教授、谭平教授、吕品田教授在选题和研究中给予的帮助，及提出了中肯的意见；感谢周至禹教授在我硕、博士期间给予我的指导，他对学术的热情也一直鼓舞着我；感谢澳珀的朱小杰老师耐心的接受我多次的采访与调查，给我提供许多有价值的资料，同时他对设计的态度也深深的影响了我，在当下浮躁的企业经营环境中，朱老师坚持的精神和对设计的挚爱一直深深感动我；感谢家具商会的秘书长朱德义老师和王长明老师多次接受我的采访，提供众多有关温州家具的资料，并在这几年一直不断传达温州家具的资料和信息给我；感谢在写作调研中接受我采访的企业家、设计师、管理者们，给我提供了丰富有价值的一手材料。

在理论部求学的几年是人生中最美好的上学时光，在这个大家庭里，同门兄弟姐妹对于设计的研究和探讨让我有了更开阔的设计视野和精神生活，大家对于学术的热忱将一直感染我。还有一些未能一一列举名字的朋友，感恩之情铭记在心。

感谢学校的领导和同事们，工作期间能给我提供许多工作经验和帮助，提供给我自由的空间去开展研究。

感谢东南大学出版社和许进编辑，因为有你们的支持才使几年的研究成果得以呈现给大家，希望通过这本书能为中国的设计管理提供自己微薄的一份力量。

感谢我的父母给我提供的巨大帮助和支持，每次遇到困难的时候，他们总是成为我坚强的后盾。

感谢读者，能在信息爆棚的今天，从书海中选择这本书去阅读，希望通过这本书分享我的一些心得。

感谢生活，给了我一颗自由的心。

温州大学　叶　芳
2015 年秋